Copyright
NORTH GUIDING.COM Verlag GmbH
Marlowring 26, 22525 Hamburg
Alle Rechte vorbehalten

2. überarbeitete Auflage 2024
ISBN 978-3-942366-33-5

Internet: www.North-Guiding.com – E-Mail: feedback@northguiding.com
Facebook: www.facebook.com/Meerforellen

Das Werk einschließlich aller seiner Teile ist urheberrechtlich geschützt.
Jede Verwertung außerhalb der strengen Grenzen des Urheberrechtsgesetzes
ist ohne schriftliche Zustimmung des Verlags unzulässig und strafbar.
Dies gilt insbesondere für Nachdruck, Vervielfältigung, Übersetzungen,
Mikrofilmverfilmungen und die Einspeicherung und Verarbeitung in
elektronischen Systemen inkl. dem Internet.
Alle Fotos / Karten / Luftbilder unterliegen dem Copyright © und dem
Urheberrecht.

Zeichnungen: Coco Zillmann (www.pixel-pixel.com)
Umschlagfotos: Achim Stahl, Unterwasserfoto / Foto Streamer mit Ruten von
Daniel Luther (rundumfisch.com)
Umschlaggestaltung: Peter Albers und Rafaela Nimmesgern
Herstellung und Innengestaltung: Satz·Zeichen·Buch, Hamburg
Printed in EU

ACHIM STAHL

Das große Streamer Buch

NORTH GUIDING.com
fishing guides

INHALT

Einleitung   7

Streamertypen und ihre Eigenschaften   9

Was macht einen Streamer zu einem Streamer?   10
Die wichtigsten Eigenschaften eines erfolgreichen Streamers   11
    Die Silhouette   11
    Das Spiel   13
    Die Werfbarkeit   15
    Kein Verheddern und Eintailen der Materialien   17
    Imitation vs. Provokation   20
Die wichtigsten Materialien   22
    Der Streamerhaken   22
    Die Körpermaterialien   26
    Haare, Federn und Synthetik für Schwingen und Schwänze   29
    „Flash"   33
    Weiche Materialien vs. Elastische Materialien   37
    Naturmaterialien vs. Synthetik   37
    Lösungen für Streamerköpfe   38
    Möglichkeiten für Streameraugen   42
Streamertypen   45
    Klassische Federflügel- und Haarflügelstreamer   45
    Wooly Buggers   46
    Muddlers   49
    Synthetikhaarstreamer   51
    Popper und Gurgler   55
    Tubenfliegen   58

Streamerfischen in der Praxis   61

Situationsgerechte Gerätezusammenstellung   62
Präsentation und Führung des Streamers   67
Streamerfischen auf Forellen in Fließgewässern   70
Streamerfischen auf Forellen im Stillwasser   74

Huchenfischen   78
Hechtfischen mit dem Streamer   80
Der Zander   86
Der Barsch   89
Der Rapfen   92
Der Waller   94
Meerforelle, Dorsch und andere Fischarten an der Ostseeküste   98
Wolfsbarsche an der deutschen Nordseeküste   109
Streamerfischen in den norwegischen Fjorden   112
Salzwasserfischen auf Striped Bass und Bluefish   117
Streamerfischen im warmen Salzwasser   120

Einundzwanzig Bindeanleitungen   129

Whisky Fly   130
Wooly Bugger   133
Polar Magnus   136
Ostrich Bugger   139
Semper Fly   143
Wiggle Bugger   147
Isolde   151
Zigarre   154
Clouser Minnow   156
Deceiver   159
Wiggle Deceiver   162
Hardy's Hellow Pike Fly   167
3-d-Streamer   170
Polar Minnow   173
USD-Hechtstreamer   175
Nasty Sheep   178
Ep Baitfish   183
Popper   186
Slider   188
Gurgler   190
Ollis Hechttube   193

Der Autor   200

EINLEITUNG

Wozu ein Streamer-Buch?
... weil das Fischen mit Streamern eine ausgesprochen faszinierende Variante des Fliegenfischens ist, mit der wir nicht nur die allermeisten, sondern auch die größten und kampfstärksten Fischarten erfolgreich verführen können.

Das Fischen mit Streamern ist nicht nur an den klassischen Salmonidenflüssen zu Hause. Streamer sind Fliegenmuster, die sich sehr effizient an fast jedem Gewässer einsetzen lassen. Sie erschließen dem interessierten Fliegenfischer eine Vielzahl faszinierender Angelmöglichkeiten auf oft wenig ausgetretenen Pfaden. Annähernd alle räuberisch lebenden Fischarten in Süß- und Salzwasser können erfolgreich mit Streamern befischt werden.

Dennoch wird das Streamerfischen von vielen Fliegenfischern oft ein wenig naserümpfend betrachtet und als „nicht richtiges Fliegenfischen" abgelehnt. Viele Streamermuster, die man in Zeitschriften, Büchern oder auf Internetseiten sieht, machen eher den Eindruck von relativ planlos auf einen Haken gebundene Haare, Federn und Glitzermaterialien als von wirklich durchdachten effizienten Fliegen.

Mit diesem Buch wende ich mich an die aufgeschlossenen vielseitigen Fliegenfischer, die sich intensiver mit dem Binden wirklich durchdachter und funktioneller Streamer und den vielfältigen Möglichkeiten des Streamerfischens in der Praxis auseinandersetzen wollen.

Der **erste Teil des Buches** befasst sich im Wesentlichen mit dem Binden von Streamern. Die wichtigsten Eigenschaften eines erfolgreichen Streamers werden erläutert, die geläufigen Materialien werden kritisch betrachtet und verglichen, und verschiedene Streamertypen werden genauer unter die Lupe genommen. Lösungsansätze werden hinterfragt und Probleme aus der Praxis am Bindestock gelöst.

Im **zweiten Teil des Buches** geht es um das Streamerfischen in der Praxis – Gerätezusammenstellung, Präsentation und Führung des Streamers, so wie das Fischen auf eine große Anzahl von Fischarten in verschiedenen Situationen.

Diese beiden Teile werden im **dritten Teil** ergänzt durch 21 detaillierte Bindeanleitungen ausgesuchter Streamer mit Verwendungstipps und Variationsmöglichkeiten.

Mit dem Buch wünsche ich dem Leser viel Freude, beim Binden der Streamer, dem Entwickeln eigner Kreationen und natürlich allzeit tight lines am Wasser!

Achim Stahl
(www.serious-flyfishing.de)

Foto © Daniel Luther

Streamertypen
und ihre Eigenschaften

WAS MACHT EINEN STREAMER ZU EINEM STREAMER?

Klare Definitionen sind beim Fliegenfischen meistens nicht einfach. Die Grenzen sind oft fließend, und Schubladendenken greift in der Regel zu kurz.
Versuchen wir, uns dem Begriff schrittweise zu nähern, indem wir zunächst von einer der meist verbreiteten Definitionen ausgehen:

„Ein Streamer ist eine Fischchenfliege."

Der Ansatz ist eigentlich gar nicht schlecht und trifft auf die meisten populären Streamermuster zu. Aber eben nicht auf alle. Eines der bedeutendsten Muster, der Wooly Bugger lässt sich da nur schwer einordnen. Dennoch ist er für mich ganz klar ein Streamer.

Ein anderer, auf den ersten Blick etwas flapsiger Ansatz ist folgender:

„Ein Streamer ist das Pendant des Fliegenfischers zu den ganzen Spinnern, Blinkern, Wobblern und Gummiködern des Spinnanglers."

Auch nicht schlecht und auch recht bildhaft. Aber wir sind Fliegenfischer und wollen unsere Streamer nicht über Spinnköder definieren.
Die Definition, die einem Streamer in meinen Augen am ehesten gerecht wird ist diese:

„Ein Streamer ist ein künstlicher Köder, der mit einer Fliegenrute geworfen und aktiv durch das Wasser geführt wird. Er imitiert entweder ein sich aktiv bewegendes Beutetier oder reizt die Fische durch sein lebhaftes verführerisches Spiel zum Anbiss."

Ein paar Abgrenzungen sind jedoch noch nötig: Die Imitationen von Insektenlarven, die im Wasser leben, lassen wir außen vor und nennen sie weiterhin „Nymphen", auch wenn sie von vielen Fliegenfischern wie ein Streamer gefischt werden.
Nassfliegen sind häufig ein Grenzfall. Wenn sie eindeutig ertrunkene Insekten imitieren und auch so angeboten werden, haben wir kein Problem. Aber Fischchen-artige Nassfliegen, wie die Alexandra oder eine Peter Ross, kann man auch als Streamer betrachten. Wir lassen sie, traditionell, bei den Nassfliegen.
Typische Lachsfliegen für Atlantiklachse oder Meerforellen in den Flüssen werden traditionell ebenfalls nicht als Streamer betrachtet.
Bei den *Salzwasserfliegen* wird es schwierig: Alle Fischchenimitationen sind eindeutig Streamer. Imitationen von Squids und anderen Tintenfischen sind ebenfalls Streamer. Garnelen? Eigentlich schon; aber wo ist die Grenze? – Bonefish Flies oder typische Shrimp Flies zum Meerforellenfischen? Auch winzige Kleinkrebsimitationen werden noch aktiv geführt und passen somit in den oben genannten Definitionsversuch. In diesem Buch sind sie allerdings bestenfalls ganz am Rande Gegenstand der Betrachtung.

DIE WICHTIGSTEN EIGENSCHAFTEN EINES ERFOLGREICHEN STREAMERS

Die Silhouette

Die Silhouette ist das Erste, was der Fisch von unserem Streamer bemerkt. Nur wenn sie auf ihn verlockend wirkt, wird er sich unseren Streamer näher anschauen und ihn eventuell auch nehmen.

Welche Silhouette einen Fisch zum Anbiss verleitet ist stark situationsabhängig. Ausschlaggebend sind dabei die Sichtigkeit des Wassers und die vorhandenen Futtertierchen.

Fischen wir bei *trübem Wasser* oder in der Dunkelheit, ist oft eine gedrungene Silhouette von Vorteil. Sie erzeugt im Wasser eine Druckwelle, die den Fisch aufmerksam macht, auch wenn er den Streamer noch nicht gesehen hat. Muddler mit dicken Rehhaarköpfen oder Oberflächenköder, wie Gurgler, Popper oder Slider sind speziell darauf ausgelegt, mit ihren Druckwellen die Seitenlinie der Fische zu reizen. Sie können Räuber über teilweise sehr große Distanzen anlocken.

In *klaren, sichtigen Gewässern* sollte die Silhouette eher den Umrissen der Futtertiere angepasst sein. Die meisten Raubfische nutzen bei der Jagd vorwiegend ihren Gesichtssinn. Ein passender Streamer kann

Nur ein sparsames Büschel Haare, aber wenn kleine schlanke Silversides die bevorzugte Beute sind, ist das einer der besten Köder für kleine Thunfischarten.

Der voluminöse Rehhaarkörper dieser „dänischen Zigarre" erzeugt im Wasser eine starke Druckwelle. Außerdem lässt sie das schwimmfähige Rehhaar an der Oberfläche furchen. Durch diese Eigenschaften kann sie auch bei Nacht und in trüben Gewässern sehr gut von Räubern wahrgenommen werden.

Ein typischer Koppenstreamer.

dann eventuell auch extrem schlank sein, zum Beispiel wenn Egel, Neunaugen oder im Salzwasser Sandaale die vorherrschende Beute sind.

Ebenso können *besondere Merkmale der bevorzugten Beute* stark hervorgehoben werden. Zum Beispiel der dicke Kopf und die auffälligen Brustflossen einer Koppe. Viele Beutetiere wirken im Wasser leicht durchscheinend und ohne scharfe Konturen. Das ist ebenfalls ein wichtiger Punkt, den man bei der Gestaltung eines Streamers nicht außer Acht lassen sollte. Eine verwischte, unklare Silhouette wirkt meistens viel lebensechter als ein massiver, scharf umrissener Streamer.

Man erreicht diese *diffuse Silhouette* auf verschiedene Weise: Zum Beispiel durch die Verwendung durchscheinender Bindematerialien wie Polar Fiber, Super Hair etc., oder auch durch die Verwendung stark gekräuselter Haare, die keinen massiven Körper bilden und das Licht durchscheinen lassen. Die Verwendung von Flashmaterialen, die bei bestimmtem Lichteinfall kurz das Licht reflektieren und aufblitzen lassen, kann die Konturen ebenfalls verwischen. Bei vorsichtigen Fischarten ist hier jedoch eine gewisse Zurückhaltung angesagt, um den Streamer nicht mit Reizen zu überfrachten.

Bei Streamern mit Dubbingkörpern sollte man den Körper nach dem Binden mit einer Zahnbürste oder einem Stück Klettband gründlich ausbürsten, so dass die Dubbingflusen sich mit den Haaren oder der Hechel des Streamers vermischen. So erreicht man ein sehr schönes diffuses und durchscheinendes Erscheinungsbild.

Ein letzter, jedoch nicht unwichtiger Punkt ist die *Größe der Silhouette*. Logisch, dass unser Streamer von der Größe her in das Beuteschema unseres Zielfisches passen muss. Aber auch mit dieser Einschränkung bleibt uns noch viel Spielraum.

Also möglichst groß, nach dem Motto „großer Köder – großer Fisch" oder eher dezent und zurückhaltend, um vorsichtige Räuber nicht zu alarmieren? Eine Frage, die sich nicht generell und allgemeingültig beantworten lässt. Man muss sie sich jeder Situation neu stellen. Es gibt aber eine ganze Reihe von Aspekten, die man bei der *Wahl der Streamergröße* in Betracht ziehen sollte: Ein möglichst großer Streamer wird über eine wesentlich weitere Distanz wahrgenommen als ein kleiner Streamer. Fischt man ein großes tiefes Gewässer ab, bei dem man nicht zwingend in die unmittelbare Nähe der Fische kommt, ist ein möglichst großer Streamer oft sehr von Vorteil. Große Streamer haben aber auch erhebliche Nachteile: Sie lassen sich nicht so leicht werfen, sie sind irgendwann einfach *zu groß*, um sicher im Fischmaul zu haken. Und vor allen Dingen erkennt ein Fisch an großen Streamern wesentlich besser unsere binderischen Unzulänglichkeiten als an einem kleinen, unauffälligen Muster.

In einem stark befisch Gewässer spielt ein weiterer Aspekt einer große Rolle: „*Welche Streamergröße bekommen die Fische am häufigsten zu sehen? Mit welchen Fliegen haben sie bereits schlechte Erfahrungen gemacht?*" Unter Umständen kann in viel befischten Gewässern, in denen häufig kleine Streamer zum Einsatz kommen, ein bisher dort noch nicht aufgetauchtes XXL-Modell der Schlüssel zum Erfolg sein. Ich habe mich in meinem ehemaligen bayrischen Vereins-Forellengewässer immer wieder gewundert, wie bereitwillig die Forellen auch handlange Huchenstreamer nahmen.

Das Spiel

Einen Streamer wirft man einem Fisch nicht einfach zum Fressen vor das Maul. Mit einem Streamer reizt und verführt man ei-

Auf dem oberen Bild kann man sehr scharf und deutlich die Grenze zwischen Dubbingkörper und Hechel sehen. Der Streamer wirkt massiv und undurchsichtig. Auf dem unteren Bild sehen wir denselben Streamer, nachdem er gründlich ausgebürstet wurde. Die Grenze zwischen Dubbingkörper und Hechel ist verschwunden und der Streamer wirkt diffus und leicht durchscheinend.

nen Fisch zum Anbiss. Deshalb ist es auch wichtig, dass der Streamer sich verführerisch bewegt.

Durch die Verwendung sehr *weicher Materialen* wie zum Beispiel Marabou, Polarfuchs, Kaninchen-Fellstreifen oder Polarfiber für die Schwingen und Schwänzchen von

Streamern erhält man eine schlängelnde Bewegung im Wasser, besonders in der Strömung. Diese Bewegung gleicht sehr einem Fischchen, das sich in der Strömung hält. Durch das Schlängeln blitzen die mit eingebundenen Flashmaterialien gelegentlich auf und erhöhen den Reiz noch.

Solche weichen Materialien fallen aber im Wasser schnell zu einem dünnen Strang zusammen. Für voluminöse Streamer sind sie deshalb nicht immer geeignet.

Etwas *festere elastische Materialien „pumpen"* dagegen im Wasser. Sie bilden zunächst eine relativ breite Silhouette, die beim Zug der Strömung etwas zusammengedrückt wird und beim Nachgeben des Zugs wieder etwas aufgeht. Typische Materialien mit solchen Eigenschaften sind ver-

Der Marabou Leech (unten, 2. von links) spielt sehr lebhaft in der Strömung, fällt aber zu einer sehr schlanken Silhouette zusammen. Hardy Benthins Hechtstreamer (obere Reihe) sieht zunächst überhaupt nicht wie ein Fischchen aus und ist auch aus relativ steifem Bucktail gebunden. Durch den Druck beim Werfen und im Wasser entsteht allerdings eine durchscheinende Fischform, die beim Nachlassen des Zugs ein wenig „pumpt", wodurch auch die eingebundenen Flashfibern verführerisch aufblitzen. Dieser Streamer kann auch in seichtem Wasser extrem langsam geführt werden und hat sich dort sehr bewährt. Beim Wooly Bugger wird ein extrem weiches Marabouschwänzchen mit einer elastischen pumpenden Körperhechel kombiniert. Nicht zuletzt deshalb gilt er als einer der vielseitigsten und erfolgreichsten Streamer.

schiedene Körperhecheln oder gekräuselte Schwingen aus Bucktail oder Synthetikmaterialien wie SF Hanks, Slinky Fiber etc. "Spiel" erreicht man auch, in dem man Streamer im *Kopfbereich beschwert*. Dadurch sacken sie im Wasser bei nachlassendem Zug kopfüber in Richtung Grund und steigen beim nächsten Zug wieder auf. Dieses "Jiggen" wirkt auf viele Fische sehr verführerisch. Es entspricht auch dem, bei vielen Fischen vorhandenen Verhalten, bei Gefahr kopfüber in Richtung Grund zu tauchen, um sich dort zu verstecken.
Extrem beschwerte Streamer fischen auch deutlich tiefer. Sie werden aber nicht mehr so lebhaft von der Strömung bewegt und sind teilweise auch nicht problemlos zu werfen – ein schwerer Tungstenkopf kann eine Kohlefaserrute beim Aufprall ohne Weiteres zerstören.

Die Werfbarkeit

Ab einer gewissen Größe des Streamers können wir sein Gewicht und seinen Luftwiderstand beim Werfen deutlich spüren. Besonders bei leichten Schnurklassen kommen wir dann schnell an die Grenzen des Geräts. In unseren Breiten tritt dieses Problem am stärksten beim Hechtfischen auf. Hechte, auch kleinere Exemplare, schrecken selbst vor extrem großen Streamern nicht zurück. Andererseits bereitet es aber kein großes Vergnügen, den ganzen Tag mit schwerstem Gerät zu werfen, das für Großfische wie Tarpon oder Königslachs ausgelegt ist, und dann einen vergleichsweise schwachen Fisch zu drillen.

Besonders Koppenstreamer werden oft extrem kopflastig gebunden. Dadurch imitieren sie sehr gut das "hüpfen" der Koppen über den Grund. Durch die abgebildete "upside-down"-Bindeweise vermeiden wir Hänger am Gewässergrund.

Um trotz großer Streamer mit relativ leichtem Gerät fischen zu können, sollte man Bindematerialien vermeiden, die sich mit Wasser voll saugen, welches beim Werfen nicht sofort wieder abgegeben wird. Besonders die klassischen *"Pike Bunnies"* sind dafür berüchtigt, dass sie sich im nassen Zustand werfen lassen wie ein Topflappen. Gerade beim Hechtfischen begegnet man immer wieder zwei Parolen, die wie unumstößliche Dogmen wiederholt werden: *"Der Streamer kann nicht groß genug sein"* und *"Naturhaare saugen sich mit Wasser voll, Kunsthaare nicht"*
Wie ich schon früher erwähnt habe, hängt die optimale Größe des Streamers von den jeweiligen Umständen ab. Wer in einem riesigen See im Freiwasser auf Hechte streamert, ist in der Tat gut beraten, einen möglichst großen Streamer zu benutzen,

der auch noch Fische in anderen Tiefenschichten und in mehreren Metern Entfernung anspricht. Wer dagegen in einem kleinen seichten Gewässer akribisch Meter für Meter abfischt, wird jedem Hecht seinen Streamer früher oder später direkt vor das Maul servieren. Eine kleine, leicht zu bekommende Beute direkt vor sich wird auch ein großer Hecht nicht verschmähen. Bei solchen Bedingungen braucht man wirklich keine Riesenstreamer zu fischen.

Dass alle Naturhaare sich mit Wasser voll saugen ist genauso Unsinn, wie dass alle Synthetikhaare dies nicht tun. Eines meiner Lieblingsmaterialien für wirklich leicht zu werfende Großstreamer ist Bucktail. Diese elastischen, leicht gekräuselten Naturhaare kann man sehr sparsam verwenden, sie speichern kein Wasser, und man erreicht dennoch eine tolle transparente Silhouette. Weiche Synthetikhaare wie Craft Fur saugen sich dagegen ebenso mit Wasser voll wie weiche Naturhaare. Man sollte sie deshalb bei sehr großen Strea-

Der Bunny Bug (ganz rechts) ist ein klassischer, verführerisch spielender Hechtstreamer. Seine Wurfeigenschaften sind aber, weil er sich komplett mit Wasser vollsaugt, sehr berüchtigt. Lefty's Deceiver (die drei Streamer in der Mitte) ist einer der erfolgreichsten Streamer. Seine elastische Bucktailschwinge pumpt sehr schön im Wasser und nimmt nur sehr wenig Wasser auf. Der „Unfair Deceiver" (links außen) wird aus Slinky Fiber, SF Blend oder ähnlichen Synthetikmaterialien gebunden. Sie nehmen ebenfalls sehr wenig Wasser auf, sind sehr schön durchscheinend und glitzernd, haben aber nicht die gleichen elastischen Eigenschaften wie Bucktail, weil sie sich zur Spitze hin nicht verjüngen.

mern bestenfalls in Kombination mit einer festen stützenden Unterschwinge aus steiferen Haaren verwenden.

Kein Verheddern und Eintailen der Materialien

Die Haare und Federn, die wir als Schwinge und Schwänzchen für unsere Streamer verwenden, bewegen sich nicht nur im Wasser, sondern leider auch in der Luft. Das führt häufig dazu, dass sich dieses Material beim Werfen um den Haken wickelt. Der Streamer hat dann im Wasser nicht mehr seine gewünschte Form. Er verliert seine Fängigkeit und kann im schlimmsten Fall vorsichtige Fische alarmieren und verjagen. Besonders ärgerlich ist das, wenn man nicht sofort bemerkt, dass der Streamer verheddert (im Fachjargon „eingetailt") ist, und damit weiterfischt. Man sollte deshalb den Streamer, mit dem man fischt in kurzen Abständen immer wieder kontrollieren.

Je länger und weicher die Schwinge oder der Schwanz eines Streamers sind, desto leichter können sie auch eintailen. Auch ein langer Hakenbogen begünstigt, dass sich die Schwinge um ihn herumwickeln kann.

Die Werfbarkeit der Streamer kann man natürlich auch dadurch unterstützen, dass man das übrige Gerät entsprechend abstimmt. Eine Rute mit starkem Rückgrat und viel Beschleunigung aus der Rutenmitte heraus, eine Schnur mit kurzer kompakter Keule und kurzem Fronttaper und ein relativ kurzes Vorfach erleichtern das Werfen mit großen Streamern ebenfalls.

Es gibt verschiedene Mittel, dieses Eintailen

Hier sieht man deutlich die Monofilschlaufe unter dem Zonkerstreifen. Der Schwanz kann sich nach den Seiten und nach oben frei bewegen, wird aber daran gehindert, sich nach unten um den Hakenbogen zu wickeln.

von Schwanz oder Schwinge zu vermeiden: Eine der bekanntesten und meist verwendeten Methoden, besteht darin, unter dem Schwanz eine feste waagerechte Monofilschlaufe oder ein anderes sehr steifes Material einzubinden, das deutlich über den Hakenbogen hinausragt. Diese Stütze unter dem Streamerschwanz verhindert, dass er nach unten um den Hakenbogen herum schlagen kann. Besonders bei Streamern mit langen Zonkerstreifen als Schwanz wird diese Methode häufig angewendet.

Eine Versteifung oder Umhüllung des Materials rund um die Basis am Hakenbo-

Bei dem Samsoekiller (Mitte) sieht man sehr deutlich den „Trichter" um die Basis des Schwänzchens. Die beweglichen Flashfibern, die den Schwanz des Pike Flash Streamers (Oben) bilden, wurden hier durch ein Stück Mylarschlauch geführt, bevor sie zusammen mit diesem eingebunden wurden. Die Versteifung der Fibern für die Fühler und Mundwerkzeuge der Garnele (Unten) wurde schnell und unkompliziert mit UV-Kleber an der Basis der Fibern erreicht.

gen funktioniert noch zuverlässiger. Das bewegliche Schwänzchen des Streamers beginnt dadurch praktisch erst ein Stück hinter dem Hakenbogen. Da es nur sehr selten nach vorne schlägt, ist ein Eintailen kaum noch möglich. Bernd Ziesche hat diese Methode mit seinem Samsoe-Killer bei uns recht populär gemacht, indem er eine Art Trichter aus kurzen Haaren um den langen beweglichen Streamerschwanz bindet.

Weitere Möglichkeiten sind, das Material vor dem Einbinden durch einen kurzen Mylarschlauch zu ziehen, den man dann zusammen mit dem Schwänzchen über dem Hakenbogen einbindet oder es einfach nach dem Einbinden an der Basis mit elastischem UV-Kleber zu versteifen.
Volle Beweglichkeit und dennoch kaum ein Eintailen erreicht man durch eine etwas aufwändige aber sehr zuverlässige Metho-

de: Das Binden eines mehrgliedrigen Streamers, einer so genannten „Wiggle Fly". Der Fliegenbinder Holger Lachmann hat mich durch seinen „Wiggle Bugger" auf die Genialität dieser, an sich schon recht alten, Methode aufmerksam gemacht.

Dabei wird der Schwanz und eventuell ein kurzes Stück des Hinterleibs auf einem relativ kleinen Haken mit geradem Öhr gebunden. Danach wird der Haken am Ansatz des Bogens abgekniffen. Der Hakenschenkel mit dem aufgebundenen Schwanz wird nun durch das Öhr auf ein Stück Monofil gefädelt und in dieser Monofilschlaufe auf dem eigentlichen Streamerhaken aufgebunden. Der Trick ist nun, diese Schlaufe so eng zu machen, dass der hintere Teil sich zwar relativ ungehindert bewegen kann, jedoch nicht so weit umschlagen, dass er sich im Hakenbogen verfängt. Neben *Holger Lachmanns* genialen *Wiggle Buggern* hat sich diese Methode bei mir besonders bei großen Hechtstreamern bewährt. Auch mit relativ steifen Materialien erhält man dadurch äußerst bewegliche und zuverlässige Großstreamer.

Bei der Verwendung vieler moderner Synthetikmaterialen wie Polar Fiber, Kinky Fiber, Super Hair etc. wird dem Problem des Eintailens durch die Verwendung sehr kurzschenkliger Haken und eines großen Epoxykopfes begegnet. Der bekannte *Polar Minnow*, wird so auf einen sehr kurzen Haken gebunden, dass die Schwinge schräg nach oben vom Hakenbogen weg steht. Der große Epoxykopf stabilisiert sie in diese Richtung und verhindert somit das Eintailen.

Beide Streamer sind extrem beweglich, tailen aber kaum ein. Soll, wie bei dem abgebildeten Hechtstreamer, die Oberseite des Hinterteils eine andere Farbe als die Unterseite haben, muss man darauf achten, dass man die Monofilschlaufe genau senkrecht einbindet.

Beim Polar Minnow hält der Epoxy-Kopf die Schwinge vom Hakenbogen weg. Beim Surf Candy geht der Kopf über den Hakenbogen hinaus und vermeidet so das Eintailen.

Zweigliedriger Hechtstreamer und Samsoe-Killer: Hier kann sich nichts verheddern. Dennoch haben die Streamer ein tolles Spiel und sind relativ schnell und einfach zu binden.

Bei den ebenfalls legendären *Surf Candies* von *Bob Popovics* geht aus dem gleichen Grund der Epoxykopf bis deutlich hinter den Hakenbogen. Natürlich vermeidet man ein Eintailen auch dadurch, dass man kürzere und steifere Materialien für die Schwingen und Schwänze eines Streamers benutzt. Aber oft leidet dann das Spiel darunter. Eine Kombination von beweglichen Materialien mit den oben dargestellten Methoden und steiferen, aber elastischen Materialien in Bereichen, an denen es nicht so sehr auf Beweglichkeit ankommt (zum Beispiel im Kopfbereich eines Streamers) ist häufig der richtige Weg, um einen effizienten und zuverlässigen Streamer zu binden.

Imitation vs. Provokation

Wie ich bereits früher erwähnt habe, ist ein guter Streamer weit mehr als nur die Imitation von „Fischfutter". Ein guter Streamer ist bei der richtigen Führung in der Lage, auch Fische zum Anbiss zu provozieren, die eigentlich gar nicht fressen wollen. Jeder Lachs- und Meerforellenfischer im Süßwasser kennt das.

In fast jedem erfolgreichen Streamer sind imitative und provokative Bestandteile enthalten. Meistens ist die Silhouette eher an ein natürliches Erscheinungsbild angepasst. Selbst ein an der Oberfläche ploppender Popper soll seiner Beute ein

Imitation und Provokation in verschiedenen Graden.

zappelndes und strampelndes Beutetier vorspielen.

Bewegung, Farbe, Auffälligkeit und Größe des Streamers können je nach Situation von nahezu naturalistisch bis extrem überzogen und provokativ variieren.

Kleinfisch jagende Räuber sind oftmals ähnlich selektiv wie steigende Forellen. Ich habe schon Makrelen erlebt, die nur drei bis vier Zentimeter lange Heringsbrut gefressen haben und auch nur mit ziemlich echt wirkenden Imitationen davon zu fangen waren.

Auch Meerforellen, die Tobiasfische jagen, sind oft an nichts anderem interessiert. Im Süßwasser erlebt man ebenfalls häufig, dass ansonsten relativ gierige Fische wie Hechte, Barsche oder Rapfen nur noch hinter kleiner Fischbrut her sind, wenn diese in großen Schwärmen vorhanden ist.

In solchen Fällen sollte der angebotene Streamer möglichst genau dem vorhandenen Futterangebot entsprechen. Allerdings soll er nicht komplett in der Masse untergehen. Er muss eindeutig zur Beute gehören, aber die Räuber dennoch auf sich aufmerksam machen. Dieses *Aufmerksam machen* ist der provokative Anteil. Der Streamer kann zum Beispiel so geführt werden, dass er langsam taumelt und ab und zu zuckt, wie ein verletztes Fischchen. Er kann auch so schnell wie möglich eingestrippt werden, um einen fliehenden Kleinfisch zu imitieren und so bei einem Räuber den Jagdreflex auszulösen. Oder er ist ein wenig größer als die sonst recht kleine Beute und somit etwas attraktiver und lohnender. Oder er ist ein ganz klein wenig bunter oder glitzernder – wie ein blutender Fisch oder ein Fisch, der taumelt und deshalb im Wasser aufblitzt.

Die Kunst ist es, den richtigen Grad der Provokation zu finden, besonders in Situationen, in denen unsere Beutefische jagen und viel Futter vorhanden ist. Man sollte dabei vorsichtig sein; zu wenig Provokation verleitet die Fische nur nicht zum Anbiss, zu viel Provokation kann ganze Schwärme verscheuchen.

Bei wenig Nahrungsangebot, kaltem Wasser, ausgehungerten, aggressiven oder beißfaulen satten Fischen kann ein provokativer Streamer sehr erfolgreich sein. Oft sind dann grelle, eigentlich sehr unnatürliche Farben, wie pink, orange, purple oder gelb sehr erfolgreich. Auch in Gewässern, in denen viel mit natürlichen imitativen Fliegenmustern gefischt wird und die Fische diese Köder schon kennen, kann zum Beispiel ein glitzernder, sich lasziv schlängelnder grellpinker Wooly Bugger unglaublich erfolgreich sein.

Es kommt auch darauf an, wie scheu und vorsichtig die befischte Fischart ist und wie sehr sie auf provokative Reize anspricht. Hechte beispielsweise sind in vielen Gewässern ausgesprochen gut mit Reizködern anzusprechen, Barsche meistens auch. Forellen sind dagegen in Gewässern mit hohem Befischungsdruck (wozu inzwischen leider auch schon unsere Ostseeküste zählt) oft sehr vorsichtig, besonders wenn viel natürliche Nahrung vorhanden ist.

Die richtige Dosierung der Provokation und das verführerische Reizen des Fisches, ohne es zu übertreiben gehören zu den wichtigsten Grundvoraussetzungen für ein erfolgreiches Streamerfischen.

DIE WICHTIGSTEN MATERIALIEN

Der Streamerhaken

Der Haken sollte selbstverständlich, wie immer beim Fliegenfischen und Fliegenbinden, von bester Qualität sein. Ich wundere mich immer wieder über Leute, die an solchen entscheidenden Komponenten, wie Haken oder Vorfachmaterial, die letztendlich nur ein paar Cent kosten, sparen und dadurch riskieren, dass ihnen der Fisch ihres Lebens durch die Lappen geht...

Aber welche Eigenschaften machen einen Haken zu einem Streamerhaken? Allein, dass es auf der Verpackung steht, reicht nicht aus. Für verschiedene Streamermuster brauchen wir ganz verschiedene Hakentypen.

Der Standard-Streamerhaken, wie er meistens angeboten wird, sieht so wie auf dem nachstehenden Foto aus.

Er ist relativ langschenklig, starkdrahtig und hat ein schräg nach unten abgewinkeltes Öhr. Üblicherweise ist er brüniert.

Dieser Hakentyp hat die passenden Proportionen für die meisten klassischen

DIE WICHTIGSTEN MATERIALIEN

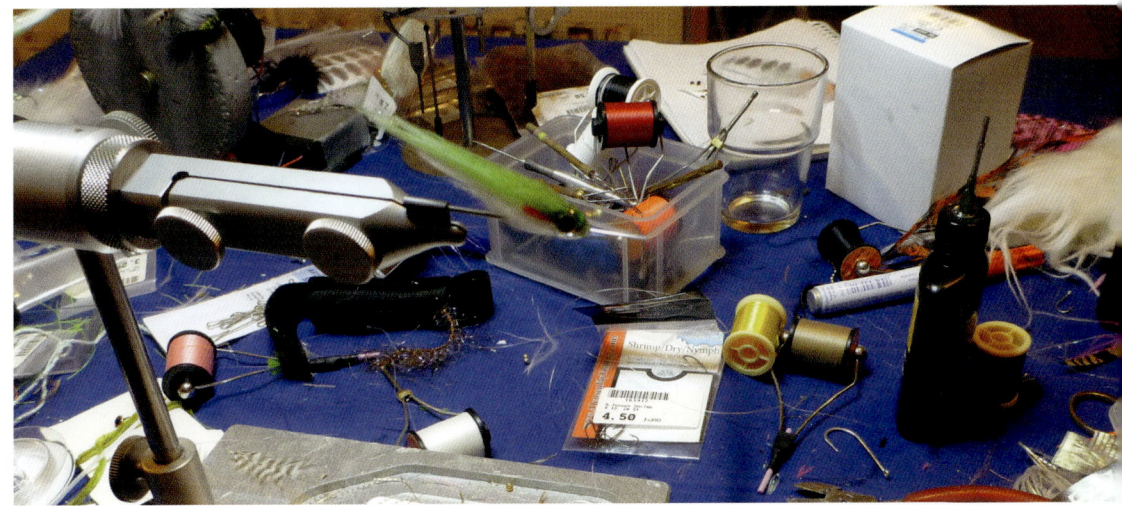

Haarflügel- und Federflügelstreamer und Wooly Buggers zum Forellenfischen. Durch den runden Hakenbogen lassen sich auch problemlos Kopfperlen oder Cone Heads aufschieben.

Das nach unten gebogene Öhr ist nicht immer von Vorteil. Es verlagert den Schwerpunkt des Streamers etwas nach oben, verringert die Kielwirkung des Hakenbogens und kann somit dazu führen, dass manche Streamertypen im Wasser umkippen und mit der Hakenspitze nach oben laufen.

Deshalb werden inzwischen vermehrt, besonders beim Salzwasserfischen und bei Großstreamern, Haken mit geradem Öhr verwendet. Sie lassen auch Streamer, bei denen Augen eingebunden wurden oder Garnelenmuster mit Rückenschild im Wasser gerade laufen.

Die *Schenkellänge des Hakens* soll zu den Proportionen des Streamers passen. Manche Streamermuster haben extrem lange Körper, wie zum Beispiel die klassischen

Der Standard-Streamerhaken.

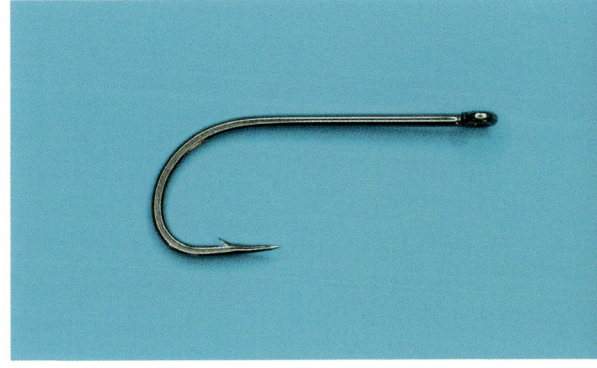

Streamerhaken mit geradem Öhr.

Verschiedene Streamermuster brauchen auch unterschiedliche Haken.

New-England-Streamer von *Carrie Stevens*. Dazu benötigt man auch einen extrem langen Haken. Das andere Extrem sind körperlose Fliegen, wie der Polar Minnow, der nur aus Kopf und Schwinge besteht und auf einem sehr kurzschenkligen Haken gebunden wird. Viele Großstreamer werden inzwischen auf eher kurzschenklige Haken gebunden, da dadurch, wie im vorhergehenden Kapitel erläutert, das Eintailen vermindert wird, aber auch, weil kurzschenklige Haken sich im Drill schlechter aushebeln.

Die *Drahtstärke* spielt ebenfalls eine große Rolle. Zum Einen, wenn man auf extrem starke Fische fischt und vermeiden will, dass der Haken im Drill aufbiegt, aber auch, wenn man einen sehr stabil laufenden Streamer haben will. Ein starker Draht und ein großer Hakenbogen ergeben einen effektiven Kiel, der den Streamer nicht kippen lässt.

Auch das Sinkverhalten des Streamers wird durch die Drahtstärke beeinflusst. Für sehr flach laufende Streamer oder Oberflächenköder, wie Gurgler, Rehhaarmuddler und Popper, sollte man eher feindrähtige Haken benutzen. Natürlich immer noch stark genug für die zu erwartenden Fische! Die *Spitze des Hakens* entscheidet am meisten darüber, ob wir einen Fisch *ans*

Band bekommen oder nicht. Selbstredend, dass sie extrem scharf sein muss. So ziemlich alle Haken sind inzwischen chemisch geschärft, also schärfer als wir es mit mechanischen Verfahren jemals hinbekommen. Nachschleifen bringt deshalb immer ein schlechteres Ergebnis als der Urzustand. Ist ein Haken stumpf, mustere ich den Streamer aus und binde einen neuen an. Leicht geschränkte und/oder nach innen gebogene Hakenspitzen halten den Streamer oft etwas sicherer im Fischmaul. Für Fische mit extrem hartem Maul, wie zum Beispiel Tarpons, gibt es Haken mit pfeilspitzenartig geschmiedeten Spitzen, die wie eine Schneide sind. Sie dringen bei einem harten Anhieb auch durch harte Hornplatten. Man sollte aber beachten, dass wir in unseren Breiten keine Fische mit auch nur annähernd so hartem Maul haben. Für unseren fischereilichen Alltag sind solche Spitzen nicht notwendig. Im Gegenteil, ihre Schneidenform vergrößert schnell das Loch des eingedrungenen Hakens in einem weichen Fischmaul, wodurch man einen gehakten Fisch leicht wieder verlieren kann.

Sogenannte *Circle Hooks*, bei denen die Hakenspitze extrem weit nach innen zeigt, werden seit einiger Zeit auch verstärkt zum Streamerfischen angeboten. Die Fische sollen sich damit selbst haken. Statt einen Anhieb zu setzen, hält man einfach die Schnur fest, während der Fisch versucht abzuziehen. Ein einmal so gehakter Fisch soll danach bombenfest halten. Meine Erfahrungen bestätigen das nicht. Mir ist ein Tarpon nach einem halbstündigen Drill am Circle Hook einfach ausgestiegen. Auch sonst fand ich die Quote der damit gehakten Fische im Vergleich zu anderen Haken nicht wirklich überzeugend.

Neben der Spitze selbst verdient der *Widerhaken* ein besonderes Augenmerk. Fast immer ist es am besten, wenn er gar nicht vorhanden ist. Widerhakenloses Fischen sollte überall da, wo wir Fische eventuell zurücksetzen (also fast überall!) absolut selbstverständlich sein. Die Überlebenschancen der zurückgesetzten Fische erhöhen sich dadurch deutlich. Nicht zu vergessen der Grad der Verletzung, wenn wir mal uns selbst oder jemand anderes haken: Mit Widerhaken ein Fall für den Arzt, ohne Widerhaken ein kleiner Stich ohne Probleme beim Entfernen.

Widerhakenlose Streamerhaken gibt es leider nicht sehr häufig. Mir waren bis vor kurzem nur die Ad Swier Pike Streamer Hooks von Partridge bekannt (CS 43 und CS 45 BN). Leider gibt es sie nicht in den typischen Forellen- und Meerforellengrößen und nur in einer relativ feindrähtigen Ausführung.

Kurz vor der Fertigstellung dieses Buches bin ich noch auf einen neuen hervorragenden widerhakenlosen Streamerhaken für klassische Forellenmuster gestoßen, den DOHIKU barbless Streamer Hook. Er hat ein nach unten abgewinkeltes Öhr und eine klassische Form. Die Hakenspitze ist jedoch wie eine Klaue leicht nach innen gebogen und schärfer als alles, was ich bisher gesehen habe. Diese Klauenform hält einen gehakten Fisch auch ohne Widerhaken sehr sicher. Durch das Black-

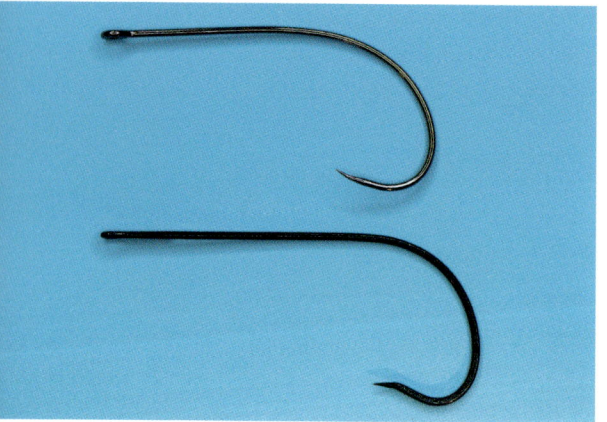

Widerhakenlose Streamerhaken.

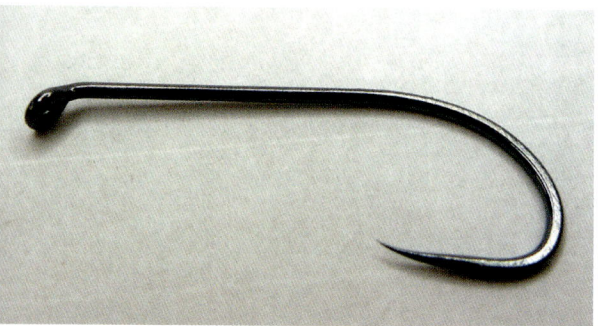

Der DOHIKU barbless Streamer Hook.

Floss – ein klassisches Bindematerial.

Nickel-Finish kann man den Haken auch in der Ostsee verwenden. Leider gibt es den DOHIKU Streamerhaken nur bis zur Hakengröße 6.

Beim Binden der Forellenstreamer zu diesem Buch stand mir dieser Haken leider noch nicht zur Verfügung. Ich habe deshalb klassische Streamerhaken mit Widerhaken verwendet. Bei den meisten anderen Streamerhaken lassen sich die Widerhaken jedoch leicht mit einer Zange andrücken. Man kann das bereits vor dem Binden machen oder erst später am Wasser. Die immer wieder aufgebrachte Behauptung, der Haken würde durch das Andrücken des Widerhakens geschwächt werden, hat sich bei mir in der Praxis noch nie bestätigt.

Die Körpermaterialien

Streamerkörper wurden schon aus den verschiedensten Materialien gebunden. Manches hat sich bewährt, manches eher weniger. In diesem Kapitel habe ich eine Auswahl der gebräuchlichsten klassischen und innovativen Körpermaterialien zusammengestellt und ihre Eigenschaften beschrieben.

Floss – Floss ist ein typisches klassisches Körpermaterial. Es ist ein dicker Seidenfaden, der meistens aus mehreren Strängen besteht. Körper aus Floss sind meistens relativ schlank und haben einen dezenten seidigen Glanz. Meistens werden solche Körper mit etwas Tinsel gerippt, um sie stabiler zu machen und für ein paar Lichtreflexe zu sorgen.

DIE WICHTIGSTEN MATERIALIEN

Mylar – Mylar ist ein metallisch oder perlmuttfarben glänzendes Folienband. Es wurde schon sehr früh für klassische Streamer und Nassfliegen, die Fischchen imitieren sollen (Alexandra, Peter Ross...) verwendet. Mylar reflektiert sehr stark das Licht und wirkt deshalb wie die silberne oder perlmuttfarbene Flanke eines Fischchens. Das Material trägt nicht auf und bildet deshalb sehr schlanke Körper. Es ist auch relativ empfindlich, weshalb Mylarkörper meistens mit einem Draht oder mit Tinsel gerippt werden.

Inzwischen sind neben den klassischen Mylarbändern auch flache Geflechtbänder auf dem Markt (Flat Braid). Sie sind etwas robuster, werden ansonsten aber ebenso verarbeitet.

Mylar – ein reflektierendes Material.

Mylarschlauch – Mylarschlauch oder Mylartubing ist ein Hohlgeflecht aus vielen schmalen Mylarstreifen. Es verändert seinen Durchmesser, je nachdem, ob man es etwas staucht oder lang zieht. Im Gegensatz zu Mylarband lassen sich damit auch voluminösere, sogar fischchenförmige Körper binden.

Chenille – Chenille ist ein raupenförmiges dickes Garn, das aus dem Textilbereich stammt. Mit ihm lassen sich schnell und einfach voluminöse Körper bilden. Chenille hat einen leicht seidigen Glanz und ist in vielen Farben und verschiedenen Durchmesser erhältlich. Mittlerweile ist die klassische Chenille beim Streamerbinden immer mehr von der glänzenderen Kaktus- oder Glitterchenille abgelöst worden.

Kaktus- oder Glitterchenille – bei dieser Chenille wurden feine Flash- oder Tinselfäden zu einem raupenartigen Strang verarbeitet. Im Gegensatz zur klassischen Chenille glitzert Kaktuschenille sehr stark und sendet unregelmäßige Lichtreflexe aus. Sie eignet sich deshalb sehr gut für Fischchenkörper.

Polarchenille – Polarchenille hat noch längere Fäden als Kaktuschenille. Dafür ist sie aber weniger dicht. Sie hat ein lebhaftes Spiel im Wasser und eignet sich sehr gut als Körpermaterial für Großstreamer. Bei kleineren Streamern wird sie auch häufig an Stelle einer Hechel verwendet.

Dubbing – Dubbing ist auch beim Streamerbinden nach wie vor eines der wichtigsten

und vielfältigsten Körpermaterialien. Es besteht aus unversponnenen Natur-oder Synthetikhaaren. Besonders Synthetikdubbings mit hohem Flash-Anteil und Dubbings, die im Wasser leicht transparent werden, ergeben großartige Streamerkörper. Im Gegensatz zu Chenillesträngen können die Dubbingfäden nach dem Binden mit einer Bürste oder einem Stück Klettverschluss lang herausgezogen werden und ergeben so einen diffusen und transparent wirkenden Körper

Haare, Federn und Synthetik für Schwingen und Schwänze

Hahnenfedern – Die meisten klassischen Forellenstreamer haben Schwingen aus Hahnenhecheln. Diese Federn ergeben von sich aus schon eine schlanke Fischform und haben auch ein schönes Spiel im Wasser. Allerdings ist das perfekte Einbinden einer Federschwinge, ohne dass sich die einzelnen Federn verdrehen, nicht ganz einfach.

Bei modernen Großstreamern und Salzwasserfliegen werden nach wie vor häufig Hahnenhecheln als Schwingenmaterial und für Schwänze verwendet. Besonders lange Sattelhecheln, die im Wasser lebhaft spielen und breite weiche Schlappenfedern kommen dabei zum Einsatz.

Eichhörnchenschwanz – Schwingen aus Haaren haben bei den Forellenstreamern schon sehr bald die klassischen Federschwingen abgelöst. Sie sind wesentlich einfacher zu binden und wirken im Wasser

auch noch dreidimensionaler als Federschwingen. Eichhornhaar ist relativ fein, hat wenig Unterwolle und eine interessante Bänderung mit hellen Spitzen. Manche Schwänze sind komplett schwarz. Ansonsten lässt es sich auch leicht färben. Besonders bei kleinen Forellenstreamern und Lachsfliegen sind Eichhornschwingen sehr beliebt. Häufig werden Eichhornhaare auch als stützende Unterschwinge für sehr weiche Materialien, wie Marabou verwendet.

Bucktail – Das Haar aus dem Schwanz des Weißwedelhirschs ist das klassische Schwingenmaterial amerikanischer Hairwings und war jahrelang das mit Abstand populärste Material für Schwingen von Großstreamern und Salzwasserfliegen. Es ist steifer als Eichhörnchenhaare, leicht gekräuselt und hat eine sehr deutliche Verjüngung vom Haaransatz zur Spitze hin. Diese Verjüngung gibt dem Bucktail eine einzigartige Elastizität – es spielt verführerisch im Spitzenbereich, bildet aber dank seiner dicken Basis schon mit wenigen Haaren eine voluminöse, transparent wirkende Schwinge, die kaum Wasser aufnimmt.

Islandschaf – Die langen feinen Haare des Islandschafs sind ein hervorragendes Naturmaterial für große Streamer. Sie sind in ihrer Basis etwas gekräuselt, so dass sie im Wasser eine voluminöse Silhouette erzeugen. Selbst bei langsamer Führung bewegen sie sich sehr lebhaft. Häufig werden sie bei großen Hechtstreamern in der Kombination mit einer Unterschwinge aus

Bucktail verwendet. So erhält man voluminöse Streamerkörper mit viel Spiel, die sich dennoch leicht werfen lassen.

Zonker Strips – Zonker Strips sind schmale Fellstreifen, meist aus Kaninchenfell. Aber auch die Felle von Eichhörnchen, Bisam, Opossum, Polarfuchs und Finn Racoon werden zu Zonker Strips verarbeitet. Diese sehr lebhaft spielenden Streifen werden als Schwanz, Schwinge und *„Hechel"* von Streamern verwendet. Beim typischen *„Zonker"* wird der Fellstreifen auf der Oberseite eines Hakens eingebunden und bildet den Rücken und den Schwanz eines Streamers. Streamer aus Zonker Strips haben zwar ein hervorragendes Spiel, saugen sich aber auch sehr leicht mit Wasser voll, was sich gerade bei größeren Streamern beim Werfen bemerkbar macht.

Marabou – Der Name ist etwas irreführend: „Marabou" stammt nicht wirklich von dem gleich lautenden Vogel, sondern ist die Flaumfeder vom Truthahn, bei kleineren Federexemplaren auch vom Hahn oder Huhn. Marabou ist extrem weich und spielt besonders lebhaft im Wasser. Es wird vor allem für Schwänzchen von Streamern ver-

Zonker Strips

Marabou

Polar Fiber / Craft Fur

DIE WICHTIGSTEN MATERIALIEN

Slinky Fiber / SF Blend

wendet, wie z.B. beim Wooly Bugger. Aber auch als extrem weiche spielende Hechel oder Schwinge kommt es zum Einsatz. Allerdings hat es so gut wie keine Spannkraft und fällt im Wasser sehr zusammen.

Polar Fiber / Craft Fur – Polar Fiber und Craft Fur sind synthetische Haare, die an einem Gewebeboden befestigt sind und ein wenig an Zottelplüsch erinnern. Sie sind sehr weich und werden im Wasser etwas transparent. Sie verfügen, wie ein echtes Fell, sowohl über lange Haare, als auch über ein kürzeres „Unterfell". Dadurch lassen sich sehr realistische, spitz zulaufende Schwingen erzeugen. Polar Fiber ist etwas feiner und kürzer als Craft Fur.

Slinky Fiber / SF Blend – Dieses Material gibt es noch unter mehreren anderen Bezeichnungen. Es handelt sich dabei um gekräuselte Kunststofffäden, mit denen sich sehr voluminöse durchscheinende Streamerschwingen herstellen lassen. Das Material ist relativ steif. Dadurch kann man aber mit relativ wenigen Fäden bereits eine Schwinge mit deutlicher und dennoch transparenter Silhouette herstellen. Außerdem speichern diese Materialien sehr wenig Wasser. Bei einigen Herstellern (SF-Blend oder Deadly Dazzle) ist unter die gekräuselten Kunststofffäden gleich etwas Flash Material gemischt, was das Binden vereinfacht und die Schwingen subtil glitzern lässt.

EP Fiber – Ep Fiber sind synthedische Fasern, die in ihrer Beweglichkeit ungefähr in der Mitte zwischen Polarfiber und Slinky Fiber liegen. Sie wurden durch Enrico Puglisi, einem der bekanntesten Bindern von modernen Salzwasserfliegen, als Bindematerial populär. EP Fiber eignet sich für Baitfishstreamer in allen Größen und ist so sehr universell für fast jede Art von Raubfischen einsetzbar. Häufig werden die Fibern einfach büschelweise auf der Ober- und Unterseite eines Streamers eingebunden und nach dem Binden mit einer Schere in die gewünschte Form getrimmt. Inzwischen gibt es diese Art von Bindematerial von verschiedenen Anbietern und auch in verschiedenen Varianten, zum Beispiel mit beigefügtem Flashmaterial.

„Flash"

Bei fast allen modernen Streamern wird der Schwinge und dem Schwänzchen etwas Glitzermaterial beigefügt, das im Wasser Lichtreflexe erzeugt. Diese Lichtreflexe imitieren das Aufblitzen eines Beutetierchens oder machen den Fisch auf den Köder aufmerksam.

Flashmaterialien gibt es in allen erdenklichen Farben mit unterschiedlichen Mate-

Verschiedene Flashmaterialien (von links nach rechts) Krystal Flash pearl, Baitfish Fiber metallic, Twist Flash Hair UV, Flashabou pearl und Angel Hair.

rialeigenschaften. Sie glänzen entweder perlmuttartig, UV-blau oder haben einen metallischen Glanz. Im Folgenden werden die gebräuchlichsten Flashmaterialien, ihre Materialeigenschaften und ihr Einsatzbereich einzeln beschrieben:

Angel Hair besteht aus sehr feinen reflektierenden Fibern. Es spielt sehr gut unter Wasser und wird deshalb meistens in Verbindung mit sehr weichem Schwingenmaterial, wie Polarfuchs oder Polar Fiber, verwendet. Es ist allerdings auch nicht sehr robust, weshalb es bei großen, stark beanspruchten Streamern seltener verwendet wird.

Flashabou sind sehr schmale bewegliche Folienstreifen. Sie sind glatt und relativ robust. Durch ihre glatte Struktur verfilzen sie auch bei sehr langen Schwingen nicht miteinander, weshalb sie als Bindematerial für Großstreamer sehr beliebt sind. Die Schwingen mancher Hechtstreamer bestehen ausschließlich aus Flashabou. Die glatte Struktur hat aber auch die Eigenschaft, im Wasser nicht als punktueller Lichtblitz, sondern als leuchtender Streifen wahrgenommen zu werden.

Krystal Flash ist im Gegensatz zu Flashabou in sich verdreht. Es blitzt deshalb unregelmäßiger und punktförmiger auf. Allerdings ist es auch etwas steifer und neigt ab einer gewissen Länge zum Verfilzen. Deshalb wird es hauptsächlich bei mittelgroßen Streamern und Salzwasserfliegen verwendet.

Baitfish Fiber, **Twist Flash Hair** und **Gliss 'n Glow** bestehen aus leicht gekräuselten Folienstreifen. Sie vereinigen sehr gut die positiven Eigenschaften von Flashabou und Krystal Flash: gutes Spiel, subtiles Aufblitzen und kein Verfilzen. Baitfish Fiber und Twist Flash Hair sind etwas steifer. Sie eignen sich deshalb besonders gut für Großstreamer mit langen Schwingen. Gliss 'n Glow ist deutlich weicher und wird häufig für Lachsfliegen und mittelgroße Streamer verwendet.

Ministreamer und Großstreamer: bei sehr kleinen Schwingen eignen sich eher feine weiche Materialien, bei typischen Großstreamern eher etwas steiferes gekräuseltes Material.

Weiche Materialien vs. Elastische Materialien

Ob man einen Streamer aus möglichst weichen oder eher festeren elastischen Materialien bindet, hängt von verschiedenen Kriterien ab:
Zunächst einmal ist die Größe des Streamers entscheidend. Je kürzer eine Schwinge oder ein Schwänzchen ist, desto steifer verhält es sich im Wasser. Ein drei Zentimeter langes Haar wirkt wesentlich „borstiger" als das gleiche Haar in doppelter Länge. Gerade bei Ministreamern, die kleinste Fischbrut imitieren sollen, sind deshalb eher sehr feine und weiche Materialien angesagt.
Umgekehrt verlieren Haare mit zunehmender Länge aber auch ihre Spannkraft und Elastizität. Weiche lange Haare tendieren auch stärker dazu, sich beim Werfen um den Haken zu verheddern und sich mit Wasser voll zu saugen. Deshalb finden bei größeren Streamern eher festere, leicht gekräuselte Haare ihren Einsatz.
Ein anderer Punkt ist, was wir mit dem Streamer imitieren wollen, und wie er sich deshalb im Wasser verhalten soll. Die verschiedenen potenziellen Nahrungstierchen, die wir mit unseren Streamern nachahmen können, bewegen sich sehr verschieden. Egel, Neunaugen und kleine Aale sind zum Beispiel sehr schlank und schlängeln sich stark. Also verwenden wir besser sehr weiche und ondulierende Materialien, wie Zonkerstreifen, Marabou oder Craft Fur. Handlange Beutefische schlängeln sich wesentlich weniger. Sie bleiben oftmals bewegungslos im Wasser stehen und bewegen sich dann wieder ein Stückchen weiter oder flüchten ruckartig ein Stück. Etwas festere Materialien behalten die Fischform, wenn wir den Streamer in verschiedenen Geschwindigkeiten einstrippen, aber auch wenn wir ihn einen Moment lang bewegungslos stehen lassen. Besonders beim Hechtfischen im flachen Wasser ist das oft von entscheidendem Vorteil.
Es ist auch sonst wichtig, die Einholgeschwindigkeit oder den Strömungsdruck bei der Wahl der Materialien zu berücksichtigen. Ein weicher Streamer, den wir im Stillwasser mit langsamer Führung sehr erfolgreich fischen, kann in der harten Strömung eines Flusses zu einem schmalen Strich zusammenfallen. Umgekehrt kann ein steifer Streamer im Stillwasser unter Umständen wie ein Stock wirken, während er im Fluss verführerisch in der Strömung gepumpt hat. Bei extrem schneller Führung schlängelt sich auch ein Streamer aus weichen Materialen nicht mehr besonders. Steifere Materialien sind dann vorzuziehen.

Naturmaterialien vs. Synthetik

Die Entscheidung, ob sie zu Naturmaterialien oder Synthetik greifen sollen, wird von vielen Fliegenbindern fast wie eine Glaubensfrage behandelt. Einige Traditionalisten lehnen alle Synthetikmaterialien per se ab, weil sie in ihren traditionellen Fliegenmustern nicht vorkommen. Ich denke mir dann immer, dass die Erschaffer dieser Muster in ihrer Zeit eigentlich meistens enorm innovativ waren und frage mich, was sie wohl verwendet hätten, wenn sie die gleiche Auswahl an Materialien gehabt hätten, wie wir heute…

Umgekehrt gibt es „innovative" Fliegenbinder, die alle natürlichen Streamermaterialien für altbacken und überholt halten. Um ganz ehrlich zu sein, war ich auch eine Zeit lang, zumindest was Großstreamer angeht, der Überzeugung, dass kein Naturhaar mit Materialien, wie Slinky Fiber oder SF Blend mithalten kann.

Inzwischen sehe ich das differenzierter und habe die Vor- und Nachteile der verschiedenen Materialien in der Praxis ausgiebig erlebt. Viele Synthetikhaare sind im Wasser leicht transparent und ergeben somit sehr verführerische durchscheinende Silhouetten. Es gibt sie in den tollsten Farben, auch Mischungen verschiedenfarbiger Haare oder mit Flashmaterialien untergemischt, was bei Naturhaaren nur schwer möglich ist. Und es müssen keine Tiere dafür getötet werden (wobei die meisten Bindematerialien tierischer Herkunft Nebenprodukte der Kürschnerei sind oder von Schlachttieren, die wir auch essen, stammen).

Kein Kunsthaar verjüngt sich aber zur Spitze hin. Und genau darin liegt der große Vorteil von Naturhaaren, wie zum Beispiel Bucktail. Dadurch, dass ein Naturhaar an der Spitze wesentlich feiner ist als an der Basis, hat es eine vollkommen andere Spannkraft und ein anderes Spiel als ein synthetisches Haar. Es ist an der Einbindestelle fest und elastisch, behält die Richtung bei, in die wir es eingebunden haben und spielt lebhaft im Spitzenbereich. Es neigt dadurch auch wesentlich weniger zum Eintailen als Synthetikhaare, die an der Basis vergleichsweise dünn sind. Deshalb hat Bucktail bei den modernen innovativen Großstreamern und Salzwasserfliegen neben den neuen Synthetikmaterialien immer noch einen sehr großen Stellenwert. Das Gleiche gilt auch für Sattelhecheln, die ebenfalls nach wie vor sehr häufig bei großen *Flat-Wing-Streamern* verwendet werden.

Lösungen für Streamerköpfe

Die Köpfe der meisten klassischen Streamern werden lediglich mit dem Bindefaden geformt und anschließend lackiert. Grundsätzlich gilt bei den Köpfen dieser klassischen Streamern, so groß wie nötig und so klein wie möglich.

Die Schwinge und die Kehlhechel sollen sicher eingebunden sein, und die Einbindestelle soll vollkommen vom Bindefaden bedeckt sein. Der Kopflack darf gerne ein glänzendes Finish ergeben. Andere Köpfe sollen bewusst voluminöser ausfallen und die Fliege zusätzlich stabilisieren oder die Schwinge in eine bestimmte Richtung fixieren.

Traditionell wird dafür transparentes 2-Komponenten-Epoxy verwendet. Die beiden Komponenten werden im vorgegebenen Mischverhältnis miteinander gründlich verrührt und mit einer Dubbingnadel oder einem Zahnstocher vorsichtig auf den Streamer aufgetragen. Der Kleber soll

DIE WICHTIGSTEN MATERIALIEN

dabei möglichst von alleine auf die Haare des Streamers laufen, ohne dass die Nadel die Haare berührt und das Epoxy unkontrolliert verschmiert. Am besten dreht man beim Auftragen die Fliege langsam um den Hakenschenkel damit ein gleichmäßiger drehrunder Kopf entsteht. Danach sollte man die Fliege weiterhin rotieren, bis das Epoxy fest wird. Epoxy gibt es mit unterschiedlichen Verarbeitungszeiten. Eine Verarbeitungszeit von fünf Minuten ist sehr gut, wenn man einzelne Köpfe herstellt und die Streamer von Hand dreht bis der Kopf fest wird. Rationeller ist es, die Streamer

Einzeln erstellter Epoxykopf.

Epoxyköpfe auf dem Drehrad.

mit dem noch flüssigen Epoxy auf eine Drehscheibe zu stecken und sie damit um die eigene Achse rotieren zu lassen. In diesem Fall eignet sich Epoxy mit einer Verarbeitungszeit von 30 Minuten wesentlich besser. Man hat damit genug Zeit, gleich mehrere Köpfe hintereinander zu machen, die dann auf dem Drehrad aushärten.

Oft erzielt man bessere Resultate, wenn man das Epoxy in zwei Schichten aufträgt. Bei kleinen Streamern reicht meistens aber auch schon eine Schicht.

Epoxy ist nicht ganz unproblematisch. Die Ausdünstungen sind ungesund und rufen eventuell allergische Reaktionen hervor. Manche Epoxyköpfe vergilben unter UV-Licht sehr schnell, und die Köpfe sind auch sehr hart. Auch liegt nicht jedem die Verarbeitung dieses, im unausgehärteten Zustand permanent fließenden Materials. Als Alternative gibt es deshalb seit einiger Zeit verschiedene lichthärtende Kleber, so genannte UV-Kleber, um solche Köpfe zu formen.

Man trägt diese Kleber zunächst genau so auf, wie Epoxy, kann sich dazu aber so viel Zeit lassen, wie man will. Erst durch Anstrahlen des Klebers mit einer UV-Lampe wird dieser fest. Dann allerdings sofort. Das heißt, man kann UV-Kleber auch gezielt in eine bestimmte Richtung laufen lassen und im richtigen Moment mit UV-Licht fixieren. Die Köpfe werden auch nicht so hart wie Epoxyköpfe, sondern fühlen sich ein wenig elastisch an.

Auch wenn es zunächst perfekt klingt, hat UV-Kleber seine Nachteile. Er kann nur aushärten, wenn Licht auf ihn fällt. Das heißt, man kann zum Beispiel keine lichtundurchlässigen Materialien mit ihm verkleben. Vor allem spaltet er beim Aushärten eine klebrige schmierige Masse ab, die auf der Oberfläche haftet. Angeblich sollen besonders leistungsstarke UV-Lampen das verhindern, und man soll die Schicht auch mit Alkohol entfernen können. Ich persönlich habe noch kein wirklich perfektes Ergebnis gesehen. Deshalb werden diese Köpfe in der Regel abschließend mit Nagellack lackiert. Das funktioniert recht gut. Aber ob dann die Verarbeitung von UV-Kleber weniger aufwändig ist als die Verarbeitung von Epoxy sei dahingestellt. Ich persönlich benutze beide Varianten, je nach Lust und Laune. Wenn ich viele Fliegen mit drehrunden Köpfen auf einmal binde, greife ich nach wie vor zum 30-Minuten-Epoxy.

Eine weitere Möglichkeit ist, bereits vorgefertigte Köpfe nach dem Binden des Streamers von vorne über das Öhr auf den Haken zu schieben und zu verkleben. Solche Köpfe gibt es aus verschiedenen Metallen und aus transparentem Kunststoff. Die Kunststoffköpfe konnten mich bisher nicht überzeugen, da sie in meinen Augen im Vergleich zu Epoxy oder UV-Kleber keinen zusätzlichen Nutzen haben. Das Binden geht vielleicht etwas einfacher, aber nur wenn man keine Übung mit den anderen Klebern hat. Das Resultat ist auf jeden Fall nicht schöner. Metallköpfe, wie zum Beispiel die „Baitfishheads" und „Sculpin Helmets" von *Fish Scull* haben aber in der Tat den Zusatznutzen, dass sie den Streamer kopflastig machen, so dass er nicht nur tiefer läuft, sondern auch einen jiggenden Gang bekommt. Besonders bei Koppenstreamern ist das ein großer Vorteil.

Für besonders voluminöse Köpfe wird häufig auch Rehhaar verwendet. Diesen, so genannten *Muddlern* ist in diesem Buch ein ganzes Kapitel gewidmet, so dass ich hier nicht weiter darauf eingehe (siehe Kapitel Muddlers).

Popper und Slider werden in einem gesonderten Kapitel (Kapitel Popper und Gurgler) ebenfalls ausführlich behandelt; dennoch hier ein paar Worte zu den verwendeten Köpfen:

Popperköpfe sollen voluminös und hoch schwimmend sein. Meistens sind sie an der Frontseite etwas ausgehöhlt, damit sie beim Einstrippen laute Ploppgeräusche machen. Klassische Materialien für Popperköpfe sind Balsa, Kork und die olivenförmigen Auftriebskörper von Stellnetzen aus Hartschaum, die in der Mitte geteilt werden. Das Schnitzen und Feilen der Köpfe aus diesen Materialien ist recht aufwändig. Deshalb wurden sie inzwischen fast vollständig von fertigen Weichschaumköpfen abgelöst. Diese *Foam Popper Heads* gibt es in vielen unterschiedlichen Farben, Größen und Formen. Man kann sie auch zusätzlich bemalen und mit Augen bekleben. Ich persönlich verwende ausschließlich Foam Popper Heads und verzichte bewusst auf weitere Bemalung und Augen. Die Fische sehen immer nur die Unterseite der Popperköpfe und spucken das weiche unbemalte Material nicht so schnell aus wie einen harten, mit Epoxy überzogenen Kopf.

Koppenstreamer mit Sculpin Helmet.

„Isolde" mit Baitfishhead - ein herausragender Meerforellenstreamer.

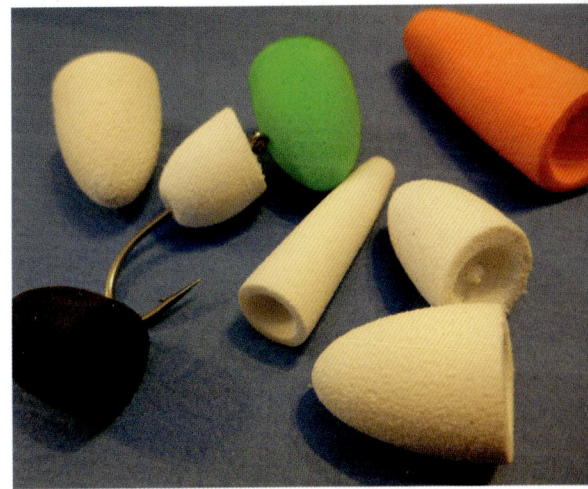

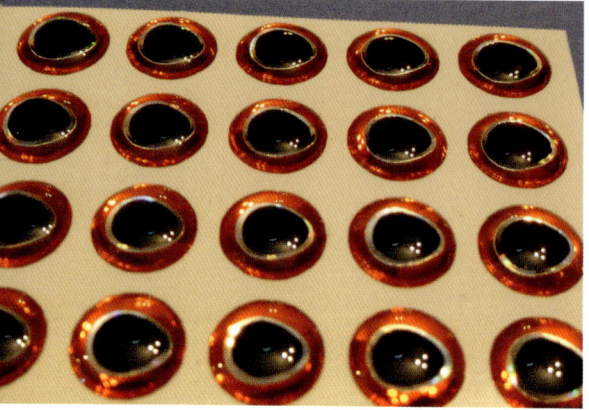

3-d-Epoxyaugen zum Aufkleben.

Ein Deceiver mit den passenden Augen.

Die Polar Magnus mit Kugelkettenaugen.

Möglichkeiten für Streameraugen

Augen sind bei vielen Streamern ein besonderer Schlüsselreiz. Sie können auf viele unterschiedliche Arten angebracht und eingebunden werden. Die einfachste Methode ist, sie auf einen voluminösen Kopf aus Bindegarn einfach auf zu malen. Das war eine Zeit lang recht verbreitet, wird aber heute kaum noch praktiziert. Stattdessen verwendet man eher Klebeaugen in den passenden Größen aus reflektierender Folie oder feste dreidimensionale Klebeaugen mit Epoxyüberzug.

Damit die Augen sich im Wasser nicht schnell wieder lösen, ist es ratsam, sie nach dem Aufkleben zusätzlich mit Epoxy zu überziehen (Kapitel Köpfe).

Eine weitere Möglichkeit, Augen an einem Streamer anzubringen, ist das Einbinden von Kugelkettenaugen. Kugelketten kennt jeder von den Stöpseln, die an Wasch- und Spülbecken angebracht sind. Diese Ketten gibt es zum Fliegenbinden in verschiedenen Größen und Farben. Man verwendet zwei Segmente einer Kugelkette und bindet sie mit Kreuzwicklungen kurz hinter dem Öhr quer auf den Haken. Die Löcher in den Kugeln wirken dann wie Pupillen. Kugelkettenaugen machen einen Streamer auch leicht kopflastig und lassen ihn ein wenig jiggen.

Will man die Fliegen noch etwas mehr beschweren und größere Augen verwenden, eignen sich auch so genannte Doppelaugen oder Dumbbell Eyes. Sie werden aus Messing, Blei, Tungsten und auch Aluminium angeboten, je nachdem wie schwer sie sein sollen. Es gibt sie mit auflackierten Pupillen, ohne Pupillen und mit Aussparungen, in die man Epoxy-Klebeaugen einsetzen kann. Bei sehr großen Doppelaugen und kleinen Haken besteht die Gefahr, dass sich der Streamer im Wasser auf den Rücken dreht, wenn man die Augen auf den Haken bindet.

Diese Eigenschaft kann auch genutzt werden, wenn man einen Streamer bewusst „upside down" anbieten will, wie zum Beispiel beim *Clouser Minnow*.

Eine vollkommen andere Technik ist das Einbinden von Augenimitationen an den Seiten eines Streamers. Bei klassischen Fliegen werden dazu Jungle Cock Federn

Clouser Minnow mit großen Doppelaugen.

Hardy Benthins Pike Teaser mit Jungle-Cock-Augen.

Serious Streamer Eyes.

Eindrucksvolles Beispiel für die Verwendung von Serious Streamer Eyes.

mit einem augenförmigen Fleck verwendet. Jungle Cock Federn sind aber sehr teuer und dürfen nur von Vögeln verwendet werden, die nachweislich aus einer zugelassenen Zucht stammen. Wesentlich unproblematischer, günstiger und auch realistischer ist die Verwendung von Kunststofffolien mit Augenmotiven. Ich habe dazu zusammen mit meinem Freund Heiko Richter ein Sortiment leicht zu verarbeitender robuster Folienaugen, die Serious Streamer Eyes entwickelt.

Der Steg zwischen den Augenpaaren hat in der Mitte einen Schlitz. Vor dem Binden des Kopfknotens werden die Augen einfach durch den Schlitz über das Öhr des Hakens geschoben, seitlich ausgerichtet und mit dem Kopfknoten eingebunden.

STREAMERTYPEN

Klassische Federflügel- und Haarflügelstreamer

Klassische Federflügel- und Haarflügelstreamer sind das, was die meisten Fliegenfischer nach wie vor unter einem „typischen Streamer" verstehen. Sie entwickelten sich aus geflügelten Nassfliegen, die als Imitationen von Brutfischchen verwendet wurden, wie zum Beispiel die nach wie vor beliebten *Alexandra, Peter Ross* oder *Teal Blue and Silver*. Es wurden längere Haken verwendet und schlankere, fischförmige Federschwingen eingebunden. Geboren war die *„Streamer Fly"*.
An Stelle der Federn wurden schon bald Haare als Schwinge verwendet. Die lassen sich leichter einbinden und ergeben eine noch realistischere dreidimensionale Silhouette. Besonders in den USA begann damit der Siegeszug der *„Bucktails"*.
Typisch für diese klassischen Muster ist ein drei- bis viermal langer Haken, ein schlanker Körper aus Mylartinsel oder Floss und eine schlanke Schwinge auf der Oberseite des Hakens, die bis ungefähr ein Drittel über den Hakenbogen hinausragt. Einige Muster haben ein kurzes Schwänzchen, das maximal mit der Schwinge abschließt, einige haben eine Kehlhechel, die bis in den Hakenbogen reicht, einige eine komplette Kopfhechel.

Alexandra (rechts) und Peter Ross in typischer Streamer-Bindeweise. Der Haken ist langschenkliger als bei einer üblichen Nassfliege und die Proportionen sind langgestreckter. Die Grenze zwischen Nassfliege und Streamer verwischt hier.

Einige typisch klassische Federflügel- und Haarflügelstreamer: oben (von links nach rechts) Black Ghost, Professor, Grey Ghost; unten Micky Finn, Whisky Fly, Silver-and-Orange Fry.

Das Original, mit schwarzem Marabouschwanz, schwarzer Palmerhechel und olivem Chenillekörper

Meine persönliche Lieblingsvariante zum Streamerfischen im Fluss: Wooly Bugger mit großem auffallenden Tungstenkopf, Körper aus Ice Dubbing, gut ausgebürstet für eine diffuse Silhouette und nur wenig Flash im Schwanz. Meine Lieblingsfarben für den Körper: schwarz, braun und olive. Für die Köpfe: orange, pink, fluo gelb, altsilber.

Viele dieser Klassiker sind auch heute noch sehr beliebt und aktuell. Besonders sparsam gedresste Hair Wings ergeben nach wie vor täuschend echte Brutfisch-Imitationen, die sehr erfolgreich auf Forellen und Barsche eingesetzt werden können. Einige Beispiele:

Wooly Buggers

Wooly Buggers sind die wohl beliebtesten, erfolgreichsten und universellsten Streamer überhaupt. Der Ursprung des Wooly Buggers wird auf den Binder *Russel Blessing* aus Harrisburg zurückgeführt, der 1967 eine klassische Palmerfliege, einen schwarz behechelten, oliven Wooly Worm so veränderte, dass er den kurzen Stummelschwanz aus Wolle durch einen langen beweglichen schwarzen Marabouschwanz ersetzte. Zunächst wurde der Wooly Bugger auf Schwarzbarsche eingesetzt, doch schon bald entwickelte er sich zum populärsten Streamer auf Forellen und viele andere Fischarten.

Der Grund für seinen Erfolg ist mit Sicherheit sein pulsierendes lebhaftes Spiel unter Wasser und seine universelle Silhouette. Er kann alles Mögliche imitieren. Je nach Farbe und Größe geht er als Egel, Kleinfisch, Neunauge, Wurm, Maifliegen- oder Libellennymphe oder sogar als Garnele durch.

Mit der Zeit entstanden immer neue Varianten und Weiterentwicklungen des ursprünglichen Wooly Buggers. Schon recht bald wurde er allgemein im Kopfbereich mit einer Bleiwicklung beschwert. Durch die Kopflastigkeit *jiggt* er und bewegt sich schlängelnd durch das Wasser. Heute wird die Kopflastigkeit meistens durch Messing- oder Tungstenköpfe oder durch schwere Metallaugen erzeugt. Der ursprüngliche Chenillekörper wird oftmals durch Glitterchenille oder irisierendes Dubbing ersetzt. Auch beim Marabouschwanz werden meistens ein paar Flashfäden mit eingebunden. Farbvarianten gibt es inzwischen ohne Grenzen. Die Fotos zeigen einige typische Varianten des Wooly Buggers.

So vielfältig wie seine Varianten sind auch seine Einsatzmöglichkeiten. Er funktioniert in schnellen Flüssen, in Seen, im Salzwasser, tief am Grund gefischt, so wie im Oberflächenfilm und auf unglaublich viele Fischarten. Man kann ihn schnellstmöglich einstrippen, langsam schlängeln lassen, ruckartig führen und sogar in der *Deaddrift* anbieten, je nachdem, was die aktuelle Situation erfordert.

Neben den typischen Räubern, die in diesem Buch später noch ausführlich betrachtet werden, funktioniert der Wooly Bugger

Rubber leged Wooly Bugger: sehr beliebt an Forellenseen und in schnellen Flußabschnitten. In Weiß ist das eines meiner besten Muster auf Karpfen.

Mit einer extrem weichen „Hechel" aus Straußen- oder Maraboufibern in einer Dubbingschlaufe bekommt der Wooly Bugger im Stillwasser auch in sehr kleinen Größen und bei langsamer Führung ein lebhaftes Spiel. Er imitiert dann sehr gut Libellenlarven, Mayfliegennymphen und Egel. Die beliebte Meeräschenfliege „Multenfussel" ist ebenfalls so gebunden.

Viele der klassischen Küstenfliegen auf Meerforelle wie Magnus, Polar Magnus oder Frede und auch Bernd Ziesches Samsö-Killer sind Wooly-Bugger-Varianten.

Die Semper Fly von Bob Popovics hat statt des Marabouschwanzes einen Büschel schlanker Sattelhecheln um einen Bucktailschwanz. So entsteht eine bewegliche fischförmige Silhouette, ohne dass der Schwanz sich um den Hakenbogen wickelt. Die Semper Fly ist eines der beliebtesten Striper-Muster, funktioniert aber auch genauso gut auf Hechte, Zander, Rapfen und andere einheimische Raubfische.

Reduziert auf das Minimum und dennoch extrem fängig: Tungstenkopf, Marabouschwanz, ein paar Windungen Estaz-Grande-Chenille. Fertig!

auch auf eine Reihe von Friedfischen: Karpfen, Schleien, Brassen, Plötzen, Barben etc. lassen sich mit dieser universellen Wurm-, Egel-, Zuckmückenlarven- und Nymphenimitation oft besser verführen als mit irgendeinem anderen Muster.

Muddlers

Unter „Muddlers" werden allgemein Streamer mit voluminösen Köpfen aus Rehhaar verstanden. 1937 band *Don Gapen* aus Anoka, Minnesota den ersten *Muddler Minnow* als Imitation einer Koppe. Populär wurde der Muddler Minnow wie wir ihn heute kennen, in den Sechziger Jahren durch amerikanische Fliegenbinder wie Dan Bailey und Joe Brooks.

Das Besondere an den Muddlers ist ihr Kopf aus um den Haken gesponnenem, in Form geschnittenem Rehhaar. Dieser Kopf hat drei typische Eigenschaften:

- Er gibt dem Streamer die typische Silhouette einer Koppe oder eines anderen Fisches mit dickem Kopf.
- Er erzeugt im Wasser eine Druckwelle, die die Fische mit ihrem Seitenlinienorgan wahrnehmen können.
- Das hohle Rehhaar gibt dem Muddler Auftrieb.

Die Schwimmeigenschaften des Rehhaars ist bei den ursprünglichen, tief geführten Koppenimitationen eher eine unerwünschte Nebenerscheinung, die oft durch vorgeschaltete Cone Heads oder Tungstenköpfe beseitigt wird.

Letztendlich sind es aber gerade die

Klassischer Muddler Minnow mit einer Schwinge aus Truthahn Federsegmenten über Eichhörnchenschwanzhaaren mit goldenem Tinselkörper.

Der Conehead Muddler ist eine typische Koppenimitation mit Rehhaarkopf. Damit der Muddler schnell in Grundnähe fischt, wurde ein Conehead vorgeschaltet.

Verschiedene Muddler für die Meerforellenfischerei bei Nacht. Die Tubenfliege rechts außen wird bei der Fischerei im Fluss eingesetzt.

„Dahlberg Diver"

Schwimmeigenschaften des Rehhaares, die eine ungeheure Vielfalt an Muddlers hervorgebracht haben. Streamer, die mit einer deutlichen Bugwelle an der Oberfläche furchen stellten sich schnell als sensationelle Köder bei der in den USA sehr populären Schwarzbarschfischerei heraus. Sie sind nicht nur besonders fängig, die Attacken an der Wasseroberfläche sind auch besonders spektakulär.

Auch Forellen, Meerforellen und Lachse attackieren zu bestimmten Zeiten vehement an der Oberfläche furchende Muddlers. Besonders bei der nächtlichen Meerforellenfischerei, sowohl an der Küste als auch im Fluss, sind verschiedene Muddlermuster sehr populär.

Der bekannteste Groß- Oberflächenstreamer mit Muddlerkopf ist *Dahlbergs Diver*. Sein Kennzeichen ist ein ausgesprochen voluminöser dichter Muddlerkopf mit einem großen Kragen vor einem beweglichen langen Streamerkörper aus Sattelfedern oder Zonker Strips. Durch seinen Auftrieb schwimmt er zunächst auf der Wasseroberfläche, taucht aber beim Einstrippen ab. Bei nachlassendem Zug steigt er wieder an die Oberfläche. Dieser schlängelnde verführerische Lauf, bei dem immer wieder die Oberfläche durchbrochen wird, ist für viele Raubfische unwiderstehlich. Schwarzbarsche, Hechte, Muskies, Großforellen und Salzwasserfische, wie Striper, Bluefish, Tarpon und viele andere Räuber werden regelmäßig damit gefangen.

Synthetikhaarstreamer

Einer der ersten, auch heute noch sehr beliebten, Streamer aus Synthetikhaaren ist der legendäre Surf Candy von Bob Popovics. Für die Fischerei auf Bluefish war Bob auf der Suche nach Materialien, die den messerscharfen Zähnen dieser Räuber möglichst lange widerstanden und mit denen er möglichst realistisch deren transparent wirkenden Futterfische nachahmen konnte. 1983 bekam er von *Ed Jaworowski* ein neues synthetisches Material mit dem Namen *Ultra Hair*. Aus diesen durchscheinenden, leicht gewellten Nylonfibern und einem projektilförmigen Epoxykopf entwickelte Bob seine weltberühmte Salzwasserfliege.

Das Material ist zwar steif und spielt wenig im Wasser, aber durch seine Transluenz und das Wellenmuster, das täuschend echt die Schuppen eines Fischchens imitiert, eignet es sich nach wie vor sehr gut für die Imitation schlanker Beutefische, wie Bay Anchovies, Silversides oder Sandaale. Inzwischen existieren unzählige Varianten des Surf Candys. Viele hat *Bob Popovics* selbst entwickelt. Häufig wird bei den neueren Mustern ein beweglicheres Material, wie zum Beispiel Polar Fiber oder Craft Fur eingesetzt. Diese Synthetikhaare werden im Wasser auch leicht durchscheinend und

Die „Surf Candy"

Mit der silbern aufblitzenden Flanke wirken die Candys im Wasser noch lebensechter.

geben dem Streamer ein lebhafteres Spiel. Allerdings *tailen* sie auch leichter *ein*. Dieses Problem lässt sich aber leicht lösen, indem man den Epoxykopf hinten etwas über den Haken heraus ausbildet.

Popovics' neueste Entwicklung sind seine „*Flye Foils*", stark reflektierende, bereits in Form geschnittene Klebefolien, die die aufblitzenden Seiten und oft silbern wirkenden Magensäcke der Beutefischchen imitieren. Sie werden einfach an den Seiten eingebunden, bevor der Kopf mit Epoxy (oder mittlerweile meistens mit UV-Kleber) überzogen wird.

Mit der silbern aufblitzender Flanke wirken die Candys im Wasser noch lebensechter. Surf Candys haben sich inzwischen wohl an allen Küsten der Welt bewährt. In unseren Breiten fangen sie Wolfsbarsche und Makrelen an der Nordseeküste sowie Meerforellen, Dorsche und Hornhechte an der Ostsee. Sie eignen sich perfekt auch im Binnenland vor allem auf Rapfen, aber auch auf viele andere Räuber.

Original Roman Moser Plushille Streamer
(Foto © Roman Moser)

Im deutschsprachigen Raum hat sich vor allem *Roman Moser* mit der Entwicklung innovativer und effizienter Streamer aus Synthetikmaterialien hervorgetan. Seine wohl bekanntesten Synthetikstreamer sind die so genannten „*Plushillefischchen*"

Plushille ist ein von *Roman* entwickeltes Kunstfibermaterial, das wie eine Hechel um den Haken gewickelt wird. Danach schneidet man einfach mit einer scharfen Schere die gewünschte dreidimensionale Fischform heraus und bemalt die Streamer mit wasserfesten Filzstiften. Diese leicht herzustellenden dreidimensionalen und lebensecht wirkenden Beutefisch-Imitationen waren wirklich revolutionär. Vielen innovativen Streamerfischern wurde sehr schnell klar: Alle Fische, die man mit Kunstködern wie Wobblern oder Gummifischen fangen kann, kann man auch mit diesen Streamern bekommen.

Roman Moser hatte damit eine lebhafte Suche nach neuen Bindematerialien und Bindetechniken für solche dreidimensionalen lebensechten Beutefischimitationen ausgelöst. Bald entdeckte man Puppenhaar, auch Langhaarplüsch genannt, als Bindematerial. Dieses Synthetikhaar spielt sehr gut im Wasser, verfilzt nicht und wird im nassen Zustand leicht transparent.

Ich selbst wurde auf dieses Material durch *Hans Steinfort* aufmerksam. Er schnitt damals die Matten, auf denen die Puppenhaare aufgebracht waren in schmale Streifen und wickelte sie wie eine Hechel um einen großen Streamerhaken. Dadurch erhielt er sehr schöne fischartige Hechtstreamer. Allerdings verhedderten sich die langen

Haare an der Bauchseite sehr leicht um den Hakenschenkel. Ich begann deshalb die Technik von *Steinfort* etwas zu variieren, verarbeitete die Haare in einer Dubbingschlaufe, so dass ich sie auch in der Länge variabel einbinden konnte und schnitt die Streamer danach in die von mir gewünschte Form. Die Bauchseite hielt ich dabei immer kurz, wodurch die Streamer noch etwas lebensechter aussahen und problemloser „fischten". Durch Kugelketten- oder Bleiaugen werden die Streamer noch etwas kopflastig und bewegen sich sehr verführerisch. Indem ich ein wenig Angel Hair oder Ice Dubbing dem Puppenhaar beifügte, glitzerten die Streamer auch leicht im Wasser.

Ich nannte mein erstes selbst entworfenes, synthetisches Streamermuster *3-d-Streamer*, weil ich in seiner dreidimensionalen Form den größten Fortschritt zu den bisherigen eher messerschneiden-förmigen Fischchenstreamern sah (und auch heute noch sehe).

Verschiedene 3-d-Streamer befinden sich nach wie vor immer in meiner Streamer- und in meiner Meerforellenbox. An der Küste haben sich sandfarbene Varianten mit etwas dunklerem Rücken als sehr effiziente Imitation von vielen etwas dickköpfigen Futterfischen im Uferbereich, wie Sandgrundeln, Aalmuttern und kleinen Dorschen bewährt. Für die Nachtfischerei ist ein komplett schwarzer 3-d-Streamer immer noch mein bevorzugtes Muster.

Der 3-d-Streamer kann aber auch universell in allen Binnengewässern eingesetzt werden. Je nach Größe eignet er sich für

ziemlich jeden Raubfisch. Upside Down gebunden mit schweren Tungstenaugen oder einer Tungstenperle vor dem Kopf wird er zu einer perfekten Koppenimitation. Mit leicht blauen Flanken imitiert er eine Elritze, mit Querstreifen und in den entsprechenden Farben einen kleinen Barsch. Auch Reizfarben, wie orange-schwarz oder chartreuse funktionieren sehr gut.

Ein weiterer Meilenstein in der Entwicklung der synthetischen Bindematerialien und innovativer Bindetechniken kommt aus Südafrika. Paul van Reenen, brachte in den Neunziger Jahren zwei neue synthetische Streamermaterialien auf den Markt: *Polar*

Fiber und *Kinky Fiber*. Auf den ersten Blick wirken beide Materialien nicht sonderlich innovativ: Polar Fiber gleicht sehr stark dem bereits erwähnten Puppenhaar oder *Craft Fur*, Kinky Fiber dem Ultra Hair, das Popovics für seinen Surf Candy verwendet hat. Die Art und Weise, wie er das Material verarbeitet ist allerdings revolutionär. Paul bindet seine Streamer nicht so, dass der Hakenschenkel das „Rückgrat" der Fischchenimitation ist, wie sonst immer üblich. Bei seinen Streamern sitzt ein kurzschenkliger Haken lediglich im Kopfbereich des Fischchens. Der ganze Körper schwingt frei hinter dem Haken.

Durch diese Bindeweise bewegen sich die Streamer sehr lebhaft. Der kurzschenklige Haken im Kopfbereich sorgt für einen leicht jiggenden, lebhaften Lauf. Gleichzeitig verhindern der kurze Schenkel und der Epoxykopf, dass sich die Schwinge um den Hakenbogen verheddert. Dem Problem der „Schwanzbeißer", also Fische, die den Streamer nur am hinteren Ende anfassen, begegnet Paul, indem er bewusst deutliche Bisspunkte im Hakenbereich platziert – große Augen und auffällige Kiemenbögen. Außerdem vermeidet er, dass die mit eingebundenen Glitzermaterialien länger sind als die Schwinge. Häufig wird das „Schwanzbeißen" nämlich durch ein Glitzern hinter dem eigentlichen Streamer provoziert.

Polarfiber ist sehr weich und wird im Wasser leicht durchscheinend. Es besteht aus Haaren in verschiedenen Längen, die auf einer gewebten Matte angebracht sind. Schneidet man ein Büschel heraus, so hat es durch die verschieden langen Haare automatisch eine fischartige Form. Durch Ausdünnen der *Unterwolle* oder Auszupfen der längeren Haare kann man die Form lang gestreckter oder gedrungener gestalten. Die Länge der Haare begrenzt aber auch die Maximalgröße der Streamer - länger als 8 bis 10 Zentimeter geht nicht.

Kinky Fiber und alle vergleichbaren Fibern, die danach kamen (Slinky Fiber, Deadly Dazzle, SF Blend …) sind Bündel von relativ steifen gewellten Haaren. Sie werden im Prinzip genau so verarbeitet wie Polar Fiber, nur dass man sie vorher in die entsprechende Form zupfen muss. Diese Fibern sind bis zu 20 Zentimeter lang und eignen sich entsprechend auch für sehr große Streamer. Durch die Kräuselung der Fibern erhält man schon mit wenigen Haaren eine aufgeplusterte, dreidimensionale und durchsichtig wirkende Schwinge. Durch diesen geringen Materialeinsatz werden die Streamer leicht, nehmen wenig Wasser auf, „atmen" sehr gut und wirken ausgesprochen lebensecht.

Unfair Deceiver.

Polarfiber Minnows und Kinky-Fiber-Minnows können in der entsprechenden Größe und Farbe praktisch jedes spindelförmige Futterfischchen imitieren. sowohl sardinen- oder heringsartige Beute im Salzwasser als auch Lauben, Elritzen, Barschbrut etc. in unseren Binnengewässern werden perfekt nachgebildet.

Natürlich werden die Synthetikhaare oft als Ersatz für natürliche Haare eingesetzt und bei bereits bekannten Streamertypen verwendet. So zum Beispiel bei dem *Unfair Deceiver*, bei dem der Schwanz aus Sattelhecheln und die Bucktailschwingen des original Deceiver durch Kinky Fiber oder SF Blend ersetzt wurden.

Bei vielen modernen Synthetikstreamern werden die Schwingen bewusst sehr kurz gehalten, und nur der Schwanz besteht aus langen Fibern. Damit versucht man das Verheddern und Eintailen der eigentlich recht steifen Synthetikaterialen zu verhindern, die sehr stark dazu neigen, weil sie sich nicht, wie Naturhaare von der Basis zur Spitze hin verjüngen.

sonders positiv bemerkbar. Gerade Popper gaukeln durch ihre massive Wasserverdrängung, Geräusche und Wellen an der Oberfläche eine Beute vor, die deutlich größer ist als die verwendete Fliege. Ein Popper kann einen Frosch, einen an der Oberfläche verendenden Fisch, oder ein Tier, das ins Wasser gefallen ist und gegen das Ertrinken ankämpft, imitieren. Fische, bei denen diese Art von Beute auf dem Speiseplan steht, reagieren sehr gut auf Popper.

Gurgler und Slider machen etwas weniger vehement auf sich aufmerksam. Beson-

Popper und Gurgler

Popper und Gurgler sind Oberflächenköder, die die Fische nicht nur mit ihrer Silhouette und ihrer Bewegung auf sich aufmerksam machen, sondern zusätzlich auch durch ihre Wasserverdrängung, Blasenspuren, Wellen und Ploppgeräusche.

Damit werden sie über weitaus größere Distanzen wahrgenommen als andere Streamer. In sehr trübem Wasser oder bei Nacht machen sich diese Eigenschaften be-

Typische Popper-Streamer.

Ein Hecht konnte dem Popper nicht widerstehen.

Typische Gurgler.

Slider als schwarze Nachtfliege.

ders etwas vorsichtigere Fische werden bei den lauten Ploppgeräuschen eines Poppers misstrauisch. Ein Oberflächenköder, der etwas maßvoller auf sich aufmerksam macht, findet bei diesen Fischen eher Anklang.

Gurgler sind eine Art Wooly Bugger mit einem schwimmenden Schaumrücken, der vorne in eine Art Furchschaufel übergeht. Sie produzieren an der Oberfläche eine deutlich sichtbare Bugwelle und auch einige Blasen, aber keine so lauten Geräusche, wie der ausgehöhlte dicke Kopf eines Poppers. Sie lassen sich auch etwas leichter werfen als ein Popper und sind recht simpel und preisgünstig zu binden.

Tipp:
Ein hervorragendes Material für die Schaumrücken von Gurglern sind Flip-Flops. Man bekommt sie oft im Sommerschlussverkauf für etwa einen Euro pro Paar in allen erdenklichen Farben. Die größten Größen kaufen und in drei bis sechs mm dicke Scheiben schneiden!

Slider haben einen spitz zulaufenden schwimmenden Kopf. Sie machen lediglich eine leichte Bugwelle an der Oberfläche, ähnlich wie ein verendender Fisch.

Popper, Gurgler und Slider sind schon recht lange populär für die Fischerei auf Schwarzbarsch in den USA und weltweit für die Salzwasserfischerei auf eine Vielzahl von Räubern: Bluefish, Redfish, Stachelmakrelen, Barrakuda bis hin zu den ganz großen Hochseefischen wie Sailfish und Mahi Mahi.

Aber auch bei uns wird diese Fischerei mit Oberflächenködern immer populärer. Viele einheimische Fischarten reagieren sehr gut darauf zum Beispiel: Barsche, Hecht und Rapfen. Selbst Waller werden von den Plopgeräuschen eines Poppers ähnlich angezogen, wie von einem Wallerholz.

Meerforellen sprechen in der Nacht sehr gut auf Gurgler und Slider an. Das laute Geräusch eines Poppers scheint ihnen in der Regel zu viel des Guten zu sein. Jedenfalls hatte ich persönlich trotz vieler Versuche damit noch keinen Erfolg und kenne auch niemanden, der eine Meerforelle auf einen Popper gefangen hat.

Der Reiz dieser Oberflächenfischerei liegt vor allem in den spektakulären Bissen auf diese Fliegen. Oft werden sie viele Male hintereinander attackiert, ehe der Fisch wirklich *hängt*. Hechte springen häufig beim Angriff auf einen Popper in ganzer Länge aus dem Wasser. Es ist nicht immer leicht, einen Fisch bei diesen wilden Aktionen sicher zu haken, aber auch wenn weniger Fische hängen bleiben, so ist es in meinen Augen doch die spektakulärste Art des Streamerfischens.

Die Führung von Poppern, Gurglern und Slidern kann von Situation zu Situation sehr unterschiedlich sein. Barsche und Rapfen reagieren häufig am besten auf eine sehr hohe Einholgeschwindigkeit. Bei Hechten ist es sehr unterschiedlich, häufig reagieren sie aber eher auf einen Popper, der langsam, mit kleineren Pausen zwischendurch geführt wird. Waller sprechen sehr gut auf Popper an, die immer wieder an ihrem Standplatz lautstark abgelegt und nur ein kurzes Stück weit eingestrippt werden,

Typische Tubenfliege.

Großer Salzwasser-Popper als Tube gebunden.

bevor sofort darauf die nächste lautstarke Präsentation erfolgt.

Tubenfliegen

Tubes oder Tube Flies (= Röhrchenfliegen) sind nicht primär Streamertypen. Es sind Fliegen, die, statt direkt auf den Hakenschenkel, auf ein Röhrchen aus Kunststoff oder Metall gebunden werden. Die Tube Flies werden beim Fischen wie ein Durchlaufköder auf das Vorfach gefädelt, der Haken wird hinter der Fliege ans Vorfach geknotet und entweder in das hintere Ende des Röhrchens oder in einen dort angebrachten Silikonschlauch geschoben.

Diese Bindeweise ist vor allem bei Lachsfliegen populär. Sie bietet die Möglichkeit, lange Fliegen mit einem kurzschenkligen Haken zu binden. Der Haken löst sich im Drill vom Tubenkörper und kann wesentlich schlechter ausgehebelt werden als ein langschenkliger Haken.

Außerdem ist man in der Wahl des Hakens flexibel und kann ihn der Situation anpassen – in der Größe, Drahtstärke und auch Einzelhaken, Doppelhaken oder Drilling. Ein stumpfer Haken kann ersetzt werden, ohne dass man die Fliege wegwirft.

Die Lauf- und Wurfeigenschaften einer Tubenfliege unterscheiden sich ebenfalls häufig von der einer entsprechenden konventionell gebundenen Fliege. Besonders bei sehr großen Streamern, bei denen das Gewicht eines entsprechend großen Hakens das Werfen erschwert, ist eine Tubefly mit einem kurzen stabilen Haken häufig wesentlich einfacher zu handhaben und hakt die Fische genauso gut. Auch sehr große Popper, wie sie zum Beispiel für Sailfish eingesetzt werden, werden meistens als Tubes gebunden.

Außerdem sitzt bei manchen Tube Flies der Haken relativ weit hinten. Das ist ein Vorteil, wenn man auf sehr vorsichtige und spitz beißende Fische fischt.

Prinzipiell kann man die meisten konventionellen Streamer auch als Tube binden.

Polarfibertube

Man muss nur beachten, das sich die Proportionen oft stark verändern, wenn man statt auf einem dünnen Hakenschenkel auf einem 3 Milimeter dicken Röhrchen bindet. Eine Körperhechel wird zum Beispiel auf einer Tube um ein Vielfaches dichter. Auch die Kielwirkung des großen Hakenbogens, die einen konventionellen Streamer stabil laufen lässt, fällt bei einer Tube weg.

Einige typische Lachstubes eignen sich sehr gut als universelle Streamer. Vor allem die Sunray Shaddow kann als Imitation eines kleinen Aales oder eines Neunauges auf alle erdenklichen Räuber, wie Forellen, Rapfen, Zander, Barsche etc. eingesetzt werden.

Der Bindeaufwand und der Materialeinsatz sind bei Tube Flies jedoch häufig deutlich höher als bei konventionellen Streamern. Das ist wohl auch der Grund, weshalb sie beim Streamerfischen nur in speziellen Situationen verwendet werden.

Foto © Daniel Luther

Streamerfischen
in der Praxis

SITUATIONSGERECHTE GERÄTEZUSAMMENSTELLUNG

Sollte ich die Frage, *„Was ist die perfekte Gerätezusammenstellung zum Streamerfischen?"* mit wenigen Worten beantworten, würde ich sagen *„Kommt darauf an."* Die Situationen, in denen wir mit dem Streamer fischen, sind sehr vielfältig und unterschiedlich und so unterschiedlich sind die passenden Gerätezusammenstellungen.

Am deutlichsten wird das bei der Wahl der Rute. Selbst wenn wir das Thema zunächst einmal nur auf das Streamerfischen auf Forellen einschränken, bieten sich uns eine Menge Szenarien:

Am meisten verbreitet ist wohl die Situation, dass wir an ein Forellengewässer gehen und es uns offen halten wollen, ob wir mit dem Streamer fischen oder eventuell auch mit Trockenfliege und Nymphe. In diesem Fall ist eine typische Allroundrute angesagt: Schnurklasse fünf bis sechs, sensible Spitze zum Anbieten von Trockenfliegen an feinen Vorfächern und viel Kraft im Mittelteil, um unsere Streamer mit Überkopf- und Wasserwürfen auf Distanz zu befördern, eine Sinkschnur zu handeln, und einem starken Fisch im Drill Paroli zu bieten. Je nach Gewässergröße sind Rutenlängen zwischen 8'6 und 9' angebracht.

Eine Rute, die einzig und allein zum Streamerfischen auf Forellen und nicht für Trockenfliegen und Nymphen verwendet wird, kann durchaus noch etwas kräftiger sein und braucht keine sensible Spitze.

Je nach Größe der zu erwartenden Fische und vor allem auch der Streamer, die wir werfen wollen, ist eine kräftige Sechser bis Siebener Rute angemessen. Sie soll in der Lage sein, auch noch stark beschwerte Koppenstreamer ohne Probleme zu befördern und gut mit einer schnell sinkenden Schnur klar kommen. In Gewässern ohne viel Rückraum sollte die Rute nicht zu kurz sein und über eine nicht zu steife Aktion verfügen, damit auch Rollwürfe und Switchcasts mit relativ großen Streamern nicht sehr schwer fallen. In solchen Situationen sind auch kurze leichte Zweihandruten[1] sehr gut einzusetzen, weil mit ihnen die verschiedenen Wasserwürfe noch wesentlich einfacher und weiter gehen.

An Gewässer mit genügend Rückraum und Fischen *weit draußen*, sind schnelle, kräftige Ruten für weite Überkopf-Distanzwürfe notwendig. Sie sollten sich aber dennoch unangestrengt werfen lassen, und nicht länger und schwerer als notwendig sein. Auch hier sind meistens 9 Fuss-Ruten und eine Schnurklasse sechs bis sieben angemessen.

Für andere Zielfische als Forellen gelten diese Anforderungen natürlich in modifizierte Form ebenfalls. Natürlich variieren die Schnurklassen je nach Größe des Fischs, des Streamers und der konkreten Gewässersituation. Aber das wird in den Kapiteln

---

[1] Solche Ruten werden oft „Switch Rods" genannt, um zu suggerieren, dass man sie sowohl als Einhand- als auch als Zweihandrute fischen kann. In Wahrheit sind es aber fast immer kurze Zweihandruten, bei denen das einhändige Werfen wirklich Unsinn ist.

über die verschiedenen Zielfische noch näher behandelt.

Die Schnüre sollten ebenfalls an die entsprechenden Situationen angepasst sein. Schwimmschnüre mit langen feinen Spitzen, die eine besonders delikate Präsentation ermöglichen, sind in der Regel für das Streamerfischen nicht geeignet. Hier werden Schnüre gebraucht, die die relativ schweren und windfängigen Streamer gut transportieren und sich mit so einer großen, buschigen Fliege am Ende des Vorfachs auch gegen den Wind noch problemlos strecken.

Da man einen Streamer meisten bis kurz vor die Füße fischt und deshalb fast die ganze Schnur vor dem nächsten Wurf einstrippt, sollte die Schnur so getapert sein, dass sie die Rute beim Werfen früh auflädt, so dass man nicht unnötig viele Leerwürfe machen muss. Für Gewässer, an denen hauptsächlich Wasserwürfe gemacht werden, sollte die Schnur auch dafür konzipiert sein. Das heißt, das meiste Gewicht sollte sich am hinteren Ende der Keule befinden. Je nach Tiefe des Gewässers, Standort der Fische und Strömungsdruck in einem Fließgewässer, sollte man Schnüre mit verschiedenen Sinkgeschwindigkeiten einsetzen. Eine Schwimmschnur, eine Intermediate Schnur (langsam sinkend) und eine schnell sinkende Schnur decken die meisten Situationen ab.

Es ist meistens keine gute Idee, Sinkschnüre durch sinkende Vorfächer, Polyleader oder überstark beschwerte Streamer ersetzen zu wollen. Die Wurfeigenschaften dieser Montagen sind in der Regel ausgesprochen suboptimal. Dazu kommt, dass solche Montagen den Streamer nur an einer kurzen Leine (dem Vorfach) sehr steil auf Tiefe bringen. Schon ein leichter Strömungsdruck befördert ein Sinkvorfach oder eine beschwerte Fliege wieder bis kurz unter die Wasseroberfläche. Eine Sinkschnur geht auf einer großen Länge in

Auch an Gewässern mit sehr eingeschränktem Rückraum kann man mit gut abgestimmtem Gerät und Wasserwürfen erfolgreich fischen.

einem spitzen Winkel unter. Sie bietet dem Strömungsdruck wesentlich mehr Widerstand und lässt sich sehr gut werfen. Und wenn die Anschaffung mehrerer Schnüre erst einmal teuer ist, darf man nicht vergessen, dass am diese Schnüre viel länger fischt, da man sie nur verschleißt, wenn man sie einsetzt. Drei Schnüre, die man immer nur in den passenden Situationen fischt, halten logischerweise auch drei Mal so lange, wie eine Schnur, die man in allen Situationen fischt.

Alternativ zu Vollschnüren kann man Schussköpfe einsetzen. Das ermöglicht den schnellen Schnurwechsel am Wasser ohne eine zusätzliche Ersatzspule oder -rolle. Einfach einen anderen Schusskopf eingeschlauft und weitergefischt. Es ist eine preisgünstige Methode. Die Schussköpfe verschleißen praktisch nicht, lediglich die Runningline. Und auch die Runningline verschleißt immer nur auf den ersten Metern, also direkt hinter dem Schusskopf. Man kann deshalb mehrfach das beschädigte Stück Runningline abschneiden und den Schusskopf neu anschlaufen, bevor die Runningline zu kurz wird und man sie austauschen muss. Die weit verbreitete

Schon ein leichter Strömungsdruck befördert ein Polyleader / Sinkvorfach im Vergleich zur Sinkschnur wieder bis kurz unter die Wasseroberfläche

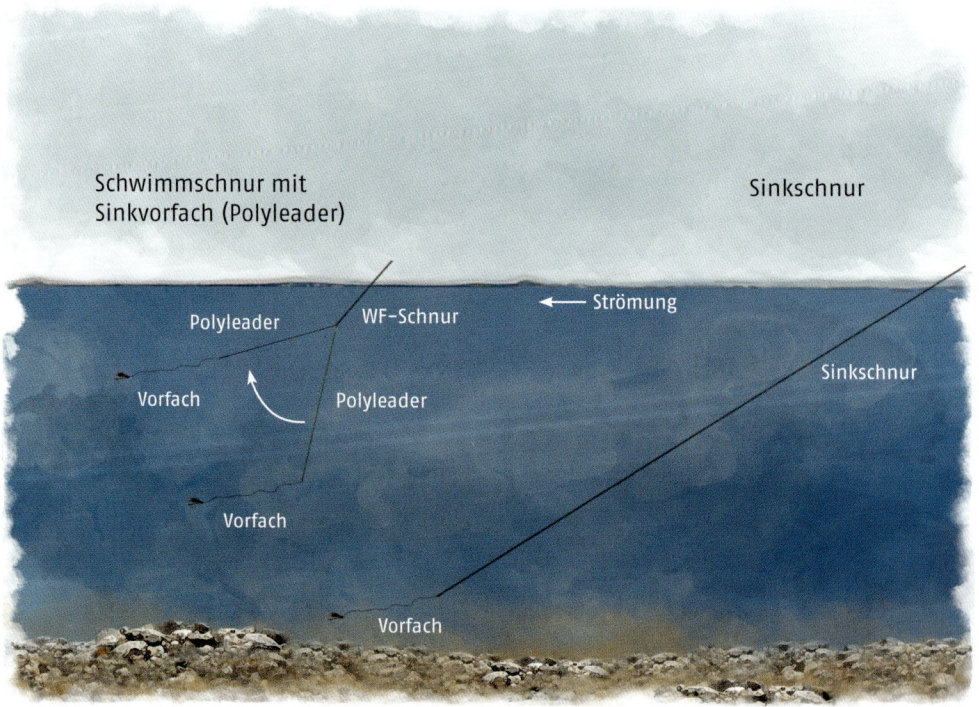

Vorstellung, dass man mit Schussköpfen und Standard-Runninglines weiter wirft als mit einer für Distanzwürfe konzipierten WF-Schnur, ist allerdings nicht richtig. Eine Schusskopfmontage unterscheidet sich von einer WF Schnur eigentlich nur dadurch, dass Keule und Runningline aneinander geschlauft sind und nicht *aus einem Guss ist*. Darin liegt allerdings auch der große Nachteil der Schusskopfmontage. Wenn man beim Streamerfischen die Schnur bis vor die Füße einstrippt, strippt man auch jedes Mal die Schlaufenverbindung von Schusskopf und Runningline in die Ringe. Das ist ausgesprochen unkomfortabel und rattert und hakt beim Werfen. Ob man das in Kauf nimmt oder ob man die teurere und komfortablere Variante wählt, muss jeder für sich selbst entscheiden.

Eine wichtige Rolle bei der Gerätezusammenstellung kommt dem Vorfach zu. Es ist das schwächste Glied zwischen uns und dem Fisch und sollte deshalb auch entsprechend wichtig genommen werden. Überlagerte Vorfächer und nicht absolut erstklassiges Monofil bzw. Fluorcarbon haben hier nichts zu suchen. Ein Vorfach muss folgende Anforderungen erfüllen:

- Es muss stark und knotenfest genug sein, um im Drill auf keinen Fall zu reißen.
- Es muss abriebfest sein, damit es sich im Drill nicht an Steinen oder im Fischmaul durchscheuert.
- Es muss so „*unsichtbar*" sein, dass es die Fische nicht abschreckt.
- Es muss lang genug sein, um die Fische nicht zu vergrämen.
- Es muss kurz genug sein, um sich ohne Probleme werfen und präsentieren zu lassen.
- Es muss dazu beitragen, den Streamer in der gewünschten Tiefe anzubieten.

Also, so stark wie möglich, unter der Einschränkung, dass es für den Zielfisch nicht sichtbar ist. Im Wasser sehr schlecht sichtbar und außerdem ausgesprochen abriebfest ist hochwertiges Fluorcarbon. Es eignet sich deshalb sehr gut besonders für die Spitzen von Streamervorfächern. Bei Fluorcarbon gibt es allerdings enorme Qualitätsunterschiede, die sich besonders bei der Tragkraft, Knotenfestigkeit und Abriebfestigkeit (und leider auch im Preis) niederschlagen. Man sollte deshalb nur wirklich beste Qualität kaufen. Fluorcarbon und herkömmliches Monofil sollte man nicht direkt miteinander verknoten. Das Fluorcarbon ist viel härter und kann das andere Monofil im Knoten durchschneiden. Verwendet man aber einen kleinen Vorfachring, an dem man beide Materialien anknotet, hat man dieses Problem nicht. Da man beim Streamern auch in Forellengewässern eher auf die größeren Exemplare fischt, sollte man auch nicht unter ca. 0,23 Milimeter Spitzendurchmesser gehen.

Zum Fischen an oder kurz unter der Oberfläche sollte das Vorfach möglichst lang sein. Dadurch hat man eine geringe Scheuchwirkung und hält die Fliege weit von der gut sichtbaren Fliegenschnur entfernt. Aber auch hier gibt es Einschränkungen. Wichtiger als die geringe Scheuchwirkung ist es, dass man mit dem Vorfach problemlos

werfen und man es gestreckt präsentieren kann. Also, unter dieser Prämisse so lang wie möglich! In stark zugewachsenen Gewässern kann dies 2 Meter sein, an offenen Gewässern auch mal über 5 Meter. Am besten eignen sich hochwertige knotenlos verjüngte Vorfächer mit einem dicken hinteren Ende (Butt), einem kurzem Verjüngungsteil und einer nicht zu langen Spitze. Sie ermöglichen eine gute Kraftübertragung und strecken sich auch noch mit einem windfängigen Streamer.

Der Hersteller STROFT bietet solche Vorfächer an und hat sogar eine Liste im Internet veröffentlicht, auf der man sehen kann, wie man die Vorfächer modifizieren kann, um optimale Streckungseigenschaften zu erhalten. Von selbst geknoteten Vorfächern, aus vielen Einzelsegmenten halte ich nicht viel. Jeder Knoten ist eine Schwachstelle, und man erreicht eigentlich nie die Qualität eines wirklich guten, knotenlos gezogenen Vorfachs. Wenig empfehlenswert und unnötig teuer finde ich auch die meisten Polyleader. Sie sind meistens so schwer, dass wir mit ihnen gleich eine bis zwei Schnurklassen mehr werfen und sind sehr gut sichtbar im Wasser. Selbst wenn sie sich gut strecken, muss man eine viel längere Spitze verwenden, um die Scheuchwirkung des Polyleaders auszugleichen. Damit sind auch die Streckungseigenschaften wieder zunichte.

Soll der Streamer an einer Sinkschnur schnell auf Tiefe gebracht werden, darf das Vorfach nicht sehr lang sein. Die Fliege treibt sonst auf, während die Schnurspitze schon deutlich tiefer ist. Je nach Trübung des Wassers und Scheu der Zielfische verwendet man ein 50 Zentimeter bis zu 1,20 Meter langes durchgängiges Stück Monofil bzw. Fluorcarbon. Fluorcarbon hat noch einen zusätzlichen Vorteil, weil es schwerer ist als herkömmliches Monofil und somit schneller sinkt.

An die Rolle werden beim Streamerfischen eigentlich keine anderen Ansprüche gestellt als sonst beim Fliegenfischen. Sie sollte ausreichend groß sein, mit genügend Backing gefüllt sein, und zuverlässig funktionieren. Das heißt aber nicht, wie man öfters mal hört, dass man bei der Rolle nicht auf Qualität zu achten braucht. Auch wenn wir keine Bremse wie zum Salzwasserfischen brauchen, so soll die Rolle doch zuverlässig und lange funktionieren. Der Bremsdruck muss konstant bleiben, die Schnur darf sich nicht zwischen Spule und Gehäuse verklemmen, die Rolle soll nicht durch Schmutz und Sand blockieren, sie darf keine scharfen Kanten und Grate haben und sie soll so robust sein, dass sie auch einige Jahre lang hält.

Nun fehlen nur noch die passenden Streamer, um die Gerätezusammenstellung zu vervollständigen.

PRÄSENTATION UND FÜHRUNG DES STREAMERS

Streamerfischen wird recht häufig von enthusiastischen Trockenfliegen- und Nymphenfischern als eine eher primitive Art des Fliegenfischens betrachtet, auf die man, wenn überhaupt, nur im äußersten Notfall zurückgreift.

In einem Fliegenfischer-Internetforum stellte vor einiger Zeit ein bekennender „Trockenfliegen- und Bambuspurist" folgende, provozierend gemeinte Frage:

„Streamer - was ist das?"

Meine (ebenfalls leicht provokante) Antwort fiel folgendermaßen aus:

„Ein Streamer ist eine ganz spezielle künstliche Fliege. Während Trockenfliegen und Nymphen lediglich ein künstlicher Ersatz für die Nahrungstierchen sind, die die Fische gerade fressen und der Nymphen- bzw. Trockenfliegenfischer nichts weiter zu tun hat als „Fische zu füttern", dient der Streamer dazu, Fische zu verführen. Ein erfolgreicher Streamerfischer ist kein „Fischfütterer", er ist ein Latin Lover. Er versucht auch noch die abgeklärteste Forelle rumzukriegen, lässt ihr den Streamer in lasziven Bewegungen vor dem Maul tänzeln, provoziert, wendet sich ab, kommt wieder, macht den Fisch willenlos, bis er endlich zupackt. Da schwingt Erotik mit, läuft eine Carmen-Aufführung im Hinterkopf ab und wird nicht nur eine CDC auf den Teller geworfen..."

Natürlich ist das gekonnte Fischen mit Trockenfliege und Nymphe weit mehr als nur „Fische füttern". Aber ich denke, durch diesen bewusst überzogenen Beitrag wird leicht deutlich, wie ein Streamer präsentiert und geführt werden sollte.

Wie alle anderen Tätigkeiten, kann man natürlich auch das Streamerfischen mehr oder weniger perfektionieren. Einen Streamer ohne Rücksicht auf die Besonderheiten des Gewässers immer wieder gleich auszuwerfen und mechanisch einzustrippen ist in der Tat weder kunstvoll noch sonderlich Erfolg versprechend.

Vor dem ersten Wurf steht auch beim Streamerfischen das *Lesen* des Wassers. Je enger man fischverdächtige Stellen oder echte Standplätze einkreisen kann, desto mehr steigen die Erfolgsaussichten.

Perfekt ist es, wenn man die Beute tatsächlich *spottet* und auf Sicht anwerfen kann. Das ist nicht nur die mit Sicherheit spannendste Art, mit dem Streamer zu fischen, man kann sich so auch sehr selektiv auf die Fische konzentrieren, die man wirklich fangen will. Zu kleine oder geschonte Fische wirft man dann einfach nicht an.

Für so ziemlich jede Fischart gilt, dass ihre Beute nicht munter auf sie zu schwimmt. So sollte man beim Streamerfischen auf Sicht deshalb die Fliege immer so präsentieren, dass sie vom Fisch zwar leicht erkannt werden kann, sich aber von ihm wegbewegt. Bestenfalls Streamer, die ein totes oder sterbendes Beutetier imitieren, dürfen auf einen Fisch zutreiben.

Bei jeder Aktion, die wir mit dem Streamer ausführen, sollten wir genau die Reaktion des Fisches beobachten. Wenn er zögert, müssen wir versuchen, ihn zu verführen. Eine verzweifelte letzte Flucht andeuten, dem Räuber ein im Todeskampf taumelndes Fischchen vorspielen, ihn frech provozieren, ohne ihn jedoch zu vergrämen. Das ist die Kunst.

Auch beim Befischen vermuteter Standplätze oder von Stellen an denen wir einen Fisch ausmachen aber nicht direkt sehen können, sollten wir uns immer bewusst sein, wie sich der Streamer im Wasser bewegt und die Art und Weise, wie wir ihn einholen, immer wieder variieren.

Je nach Situation kann der Streamer fast leblos statisch, sehr langsam und taumelnd, provozierend zappelnd oder so schnell wie irgendwie möglich geführt werden.

Besonders bei raubenden Fischen ist oft eine möglichst hohe Einholgeschwindigkeit der Schlüssel zum Erfolg. Fallen Trupps von Räubern in Schwärme von Kleinfischen ein, kommt es jedoch oft vor, dass sie nach einer wilden Attacke ganz ruhig die toten und verletzten Kleinfische aufsammelnd. Dann kann ein fast statisch präsentierter Streamer den Erfolg bringen.

Die Präsentation in der richtigen Wassertiefe ist ebenfalls oft ausschlaggebend. Zwar kommen manche Fische von mehreren Metern Tiefe an die Wasseroberfläche, um ein Beutetier zu attackieren, viele attackieren aber nur, was sich ungefähr in ihrer Tiefe aufhält. Im Zweifelsfall ist es immer besser, den Streamer in der Tiefe zu präsentieren, in der sich unsere Beute befindet oder wir sie vermuten.

Foto © Daniel Luther

STREAMERFISCHEN AUF FORELLEN IN FLIESSGEWÄSSERN

Zunächst eine Vorbemerkung:
Forellen in Fließgewässern sprechen fast immer sehr gut auf einen verführerisch angebotenen Streamer an. Dennoch ist auf Forellen das Streamerfischen in der Regel nicht meine erste Wahl. Ich liebe die Vielfalt des Fliegenfischens, und dazu gehört auch das Fischen mit Nymphe und Trockenfliege. Da sich Forellen in erster Linie von Kleinlebewesen, wie Nymphen und Landinsekten ernähren, und das fischen mit Trockenfliege und Nymphe für mich eben so spannend ist, wie das Streamerfischen, werde ich es immer vorziehen, eine steigende Forelle mit einer perfekt präsentierten Trockenfliege zu fangen oder einer nymphenden Forelle die entsprechende Nymphe zu präsentieren.

Der Streamer kommt in erster Linie zum Einsatz, um gezielt räuberischen Großforellen nachzustellen.

Typische Standplätze für große Forellen sind tiefe Gumpen, Staubereiche vor Wehren, tiefe Strömungsrinnen, Totholz, unterspülte Ufer, überhängende Bäume und Büsche und, besonders in stark befischten Gewässern, *die* Stellen, die am schwers-

Trübes Wasser und Wooly Bugger bescherten diese schön gefärbte Bachforelle.

ten für Angler zu erreichen sind. Besonders große Bachforellen halten sich oft fast den ganzen Tag in ihren „Burgen" auf und kommen nur kurz zum Fressen ins offene Wasser. Das ist meistens in den frühen Morgen- und späten Abendstunden. Auch nach Regenfällen, wenn das Wasser etwas eingetrübt ist, sind diese Fische sehr aktiv und jagen in der Nähe ihrer Unterstände.

Tiefe Rinnen und unterspülte Ufer befischt man am besten schräg stromab und wirft so nah wie möglich an das gegenüberliegende, unterspülte Ufer oder auf die andere Seite der Rinne. Wichtig ist es dabei, schnell auf Tiefe zu kommen. Stark beschwerte Streamer und, je nach Wassertiefe und Strömungsdruck, eine entsprechende Sinkschnur helfen dabei. Damit der Streamer nicht sofort vom unterspülten Ufer weg oder aus der Rinne heraus treibt, „mendet" man die Schnur. Das heißt, man legt beim Ablegen einen Schnurbogen stromauf.

Dadurch nimmt man den Strömungsdruck aus der Schnur und gibt dem Streamer Zeit, abzusinken. Danach lässt man die Schnur vom Strömungsdruck auf das eigene Ufer schwingen. Durch weiteres Menden und eine lange Leine kann man den Lauf des Streamers verlangsamen. Mit Schwippbewegungen der Rutenspitze oder ruckartigem Einstrippen, lässt man ihn taumeln. Mit einem Schnurbogen stromab kann man die Geschwindigkeit erhöhen. Oft ist es gut, den Streamer erst möglichst tief und langsam anzubieten, damit die Forelle ihn wahrnimmt. Gegen Ende der Drift sollte man die Geschwindigkeit erhöhen, in dem man

Schnur einstrippt. Das dient nicht nur der Vorbereitung des nächsten Wurfs, sondern imitiert auch ein flüchtendes Beutetier und provoziert eine hinterher schwimmende Forelle zum Zupacken.

Man kann ebenfalls den Streamer querab, leicht stromauf servieren und etwas absinken lassen, bis er ziemlich genau querab ist. Nun beginnt man mit dem Einstrippen und führt dabei die Rutenspitze in der Geschwindigkeit der Strömung stromab. Dadurch hat man keinen Strömungsdruck auf der Schnur und kann den Streamer schnell und grundnah führen.

Tiefe Gumpen und Staubereiche mit wenig Strömung kann man etwas aktiver ausfischen. Auch hier sollte man den Streamer zunächst möglichst bis kurz über den Grund absinken lassen. Danach möglichst *verführerisch* in verschiedenen Geschwindigkeiten einstrippen. Am besten fischt man solche Stellen mit mehreren Würfen so ab, dass man am Ende den Streamer an jedem potentiellen Standplatz vorbei geführt hat.

Eine sehr interessante und extrem spektakuläre Art des Streamerns auf Forellen ist das Fischen mit an der Oberfläche furchenden Rehhaarmäusen. Besonders an bewaldeten Strecken mit unterspülten Ufern oder tiefen Rinnen in Ufernähe ist diese Methode Erfolg versprechend. Vor allem nach Einbruch der Abenddämmerung werden solche Oberflächenköder von großen Bachforellen heftig attackiert. Am besten wirft man die verdächtigen Stellen von der gegenüber liegenden Uferseite schräg stromab an und versucht den Streamer so nah wie möglich am Ufer abzulegen. Dann lässt man ihn durch den Strömungsdruck in der Schnur gleichmäßig in Richtung eigenes Ufer furchen. Man sollte beim Fischen mit Rehhaarmäusen möglichst vermeiden, einen Anhieb mit der Rute zu setzen. Oft verfehlen die Forellen den Streamer bei der ersten Attacke. Erst wenn man das Gewicht des Fisches deutlich spürt, sollte man einen „Strip Strike" mit der Schnurhand setzen und danach die Rute einfach anheben. Forellen sprechen sowohl auf imitative Streamer an, wie Nachbildungen von Koppen oder anderen Futterfischchen, Egeln, Würmern und Mäusen als auch auf reine Reizmuster. Es gibt ein paar Faustregeln, was die Wahl der Farben und der Größe angeht. Allerdings sollte man sich darüber im Klaren sein, dass das Regeln mit vielen Ausnahmen sind. Allgemein wählt man im frühen Frühjahr, bei kaltem und etwas trübem Wasser eher etwas grellere auffällige Streamer und dann später in der Saison mehr natürliche Muster. Bei sehr starker Wassertrübung, zum Beispiel nach Regenfällen, werden voluminöse schwarze oder dunkelviolette (purple) Streamer am besten wahrgenommen und fangen dann auch oft am besten.

An unseren zum Teil sehr stark befischten Gewässern ist aber ein Kriterium bei der Fliegenwahl und beim Fischen allgemein mehr Schlüssel zum Erfolg als alles andere: **Gehe nicht auf ausgetretenen Pfaden!**

Foto © Daniel Luther

Ein Beispiel: Ein schwarzer Wooly Bugger mit Goldkopf gehört unbestritten zu den besten Forellenstreamern der Welt. Das weiß aber auch so ziemlich jeder Fliegenfischer und entsprechend oft wird dieser Streamer den Forellen vorgesetzt. In stark befischten Gewässern reicht häufig schon das Aufblitzen eines Goldkopfes, um die Fische zu alarmieren. Schwarze Wooly Buggers kennen die Forellen dort in allen Varianten. Ich habe in solchen Flüssen im Sommer mit leuchtend pinkfarbenen Streamern gefischt und konnte beobachten, wie große, schlaue Brückenforellen diese Muster neugierig und unbedarft ins Maul genommen haben. Oft war der Schlüssel zum Erfolg, den Streamer einfach auf den Fisch zutreiben zu lassen und nur ein ganz klein wenig zu bewegen. Das Einstrippen und Herumschwingen mit der Strömung kennen diese Fische nämlich auch schon häufig.

Ein anderes Beispiel: Ich hatte mal in einem Forellengewässer einen Hecht rauben sehen und wollte den daraufhin mit dem Streamer fangen. Den Hecht bekam ich nicht. Dafür aber zwei wirklich große alte Regenbogenforellen, die den Streamer ohne zu zögern genommen hatten. Ich hatte die Stelle zuvor oft schon mit kleineren Streamern befischt und die beiden Forellen nie zu Gesicht bekommen. Einen großen Hechtstreamer hatte dort vorher wohl niemand eingesetzt.

typische Streamer zum Forellenfischen in Fließgewässern

STREAMERFISCHEN AUF FORELLEN IM STILLWASSER

Zunächst eine Vorbemerkung: Dieses Kapitel bezieht sich auf Seen mit einem mehr oder wenig natürlich lebenden Forellenbestand, nicht auf so genannte „Forellenpuffs" mit täglichem Besatz von Mastfischen, die keine natürliche Nahrung kennen.

Stillwasser, in denen Forellen leben, können sehr unterschiedlich sein: Vom kleinen flachen Bergsee mit gerade mal einem Hektar Wasserfläche bis hin zu riesigen unergründlich tiefen Wasserflächen, wie zum Beispiel dem Bodensee.

Dennoch unterscheiden sich für den Streamerfischer die Strategien an den einzelnen Gewässern nicht sonderlich: Wir suchen die fischverdächtigen Stellen und halten Ausschau nach „sachdienlichen Hinweisen", wie buckelnde Forellen an der Oberfläche, flüchtende Kleinfische, Fischbrut jagende Vögel, Steigringen und schlüpfenden Insekten (bei den letzten beiden Hinweisen ist allerdings eher das Fischen mit der Trockenfliege angezeigt). In klaren Seen kann man die Fische natürlich auch häufig im Wasser schwimmen sehen und dann direkt anwerfen.

Als Fliegenfischer vom Ufer, aber auch vom Boot oder Bellyboat aus, sind die Bereiche

Vom Boot aus gesehen, angeworfen und gefangen.

eines Sees, die wir effizient befischen können, natürlich etwas eingeschränkt. Was für den Uferfischer außerhalb der Wurfweite und für den Bootsangler in unerreichbarer Tiefe liegt, braucht man nicht zu betrachten. Glücklicherweise ist die Fischdichte in Ufernähe, und in den Flachwasserbereichen auch am höchsten, weil sich dort auch die meiste Nahrung findet.

„Hot Spots" für den Uferangler sind Einläufe und Abflüsse von Bächen und Flüssen, Stellen mit großen Steinen, Rinnen und Abbrüchen unter Wasser, vegetationsreichere Stellen mit weichem Untergrund und kleine Buchten, in die der Wind die Nahrungstierchen drückt.

Stehen die Forellen nahe an der Oberfläche, und man kann sie zum Teil schwimmen oder buckeln sehen, reicht eine Schwimmschnur, um sie zu befischen. Bei klarem Wasser und vorsichtigen Fischen sollte man das Vorfach so lange wählen, wie man es noch bewältigt. Dadurch präsentiert man die Fliege unauffälliger, hält die Fliegenschnur aus dem Sichtbereich der Fische und kann man den Streamer etwas tiefer führen.

Stehen die Forellen tiefer, sollte man eine entsprechende Sinkschnur verwenden. Auf sinkende Polyleader, Sinkvorfächer oder stark beschwerte Fliegen zurückzugreifen ist auch bei der Stillwasserfischerei keine gute Wahl. Diese Montagen lassen sich in der Regel sehr schlecht werfen, und gerade vom Seeufer aus sind oft viele Distanzwürfe nötig, um an einen Fisch zu kommen. Für die Uferfischerei eignen sich am besten Schnüre, bei denen nur die ersten fünf bis neun Meter sinken. Mit ihnen bringt man den Streamer auf Tiefe, ohne dass der hintere Teil der Schnur im Uferbereich auf den Grund sinkt.

Die Wahl der Streamer ist ähnlich wie im Fließgewässer. Allerdings kann man auf stark beschwerte Muster verzichten, da man nicht gegen den Strömungsdruck auf Tiefe kommen muss.

An imitativen Mustern haben sich bei der Stillwasserfischerei vor allem Kleinfischimitationen, wie Polar Minnows oder 3-d-Streamer, und kleine olive und cremefarbene Wooly Buggers, die Libellenlarven und Maifliegennymphen imitieren, bewährt. Schwarze Wooly Buggers funktionieren überall da, wo sie nicht von anderen Anglern im Übermaß eingesetzt werden, auch sehr gut und gehen wohl auch als Imitation eines Egels durch.

Im Stillwasser ist der Einsatz von Reizfliegen ebenfalls durchaus einen Versuch wert, besonders bei kaltem Wasser oder wenn solche Muster dort normalerweise nicht angeboten werden.

Die Fischerei vom Boot oder Bellyboat bietet dem Streamerfischer im Stillwasser natürlich noch eine Menge mehr Möglichkeiten als vom Ufer aus. So kann zum Beispiel die Seite des Gewässers, auf die der Wind steht, vom Boot aus bequem in Richtung Ufer befischt werden.

Man kann sich auch mit dem Wind über interessante Flächen treiben lassen und diese in der Drift systematisch abfischen. Bewaldete Ufer mit überhängenden Ästen sind interessante Forellenstandorte, die man vom Boot aus bequem befischen

Foto oben: Bewaldete und schlecht begehbare Uferabschnitte lassen sich gut mit dem Bellyboat von der Seeseite her befischen.

Foto unten: Streamermuster zum Forellenfischen im Stillwasser

kann. Die tiefen Freiwasserbereiche dagegen haben in der Regel eine sehr geringe Fischdichte. Zwar befinden sich dort in großer Tiefe eventuell kapitale Seeforellen, die im Freiwasser lebenden Fischschwärmen, wie Maränen und Binnenstinten nachstellen, aber sie ohne Echolot mit dem Streamer im tiefen Wasser zu finden, gleicht der Suche einer Nadel im Heuhaufen. Anders ist es natürlich, wenn diese Fische an der Oberfläche jagen und aufgescheuchte Kleinfische aus dem Wasser spritzen. Schafft man es in so einer Situation, sich den jagenden Fischen unauffällig zu nähern, hat man mit dem Streamer durchaus die Chance, einen wirklich großen Fisch zu haken. Besonders in den späten Abendstunden und sehr früh morgens kann man große Forellen an der Oberfläche jagen sehen.

Grüße aus der Schweiz – eine schöne Seeforelle.

Abenteuer Seeforelle (Text / Foto © Daniel Luther)

Die Seeforellenfischerei mit der Fliegenrute ist auch an unseren besten Gewässern ein Abenteuer ohne Gewissheiten. Das hat vor allem mit der Lebensweise der hochmobilen Räuber zu tun. Sie sind meist schnell unterwegs – und das mehrheitlich außerhalb unserer Reichweite. Bei der Beutesuche orientiert sich die Seeforelle mit Vorliebe an den großen Schwärmen der Felchen, Saiblinge, Lauben oder Barsche. Diese ziehen in der Regel weit draußen im Freiwasser und oft auch in erstaunlichen Tiefen. Wir reden hier von dreißig, fünfzig oder sogar hundert Metern. So manche Seeforelle verbringt den größten Teil des Jahres im düsteren Halbdunkel am Seegrund. Die beste Chance für einen Fang bieten deshalb jene Fische, die aktiv die Uferzone aufsuchen, um hier zu fressen. Das passiert vor allem im Frühling, sobald die Erwärmung des Flachwassers für attraktive Konzentrationen von Beute sorgt. Die Seeforellen nutzen Jagdgelegenheiten wie die Laichzeit der Elritzen und Barsche oder die tarnende Trübung nach einem Hochwasser.

Es braucht viel Ausdauer und Glück, um einen solchen Moment zu erleben. Und natürlich gibt es auch Stellen, an denen solche Begegnungen wahrscheinlicher sind. Und nun zum ermutigenden Teil: Raubt eine Seeforelle in Wurfdistanz, ist ein auffälliger, schnell geführter Streamer nach meiner Erfahrung der erfolgreichste Köder. Mein Gerät: Straffe 6er-Rute, Intermediate-Leine mit transparenter Spitze und ein Meter 0,30er-Nylon.

Das Fliegenfischen auf die Seeforellen der großen, tiefen Alpenseen hat das Zeug zum Kult. Die Begegnung mit einem dieser faszinierenden Räuber lässt sich nicht planen – für manche Zeitgenossen ein Luxus in unserer durchorganisierten Welt. Außerdem findet diese Jagd vor beeindruckender Kulisse statt. Die Seeforellenseen sind der malerische Teil einer spektakulären Landschaft. Und was unter blauem Himmel Postkarten ziert, wird bei düsterem Seeforellenwetter mystisch und zuweilen sogar unheimlich. Nicht zu vergessen, dass die *Salmo trutta forma lacustris* auch heute noch sagenhafte Größen erreichen kann.

HUCHENFISCHEN

Das Fliegenfischen auf den größten heimischen Salmoniden, die bei uns vor allem im Alpenraum vorkommen, ist in den letzten Jahren immer populärer geworden und hat sich von den experimentellen Versuchen einiger *Pioniere* zu einer erfolgreichen Methode entwickelt.

Das größte Problem beim Streamerfischen auf Huchen war von Anfang an, den großen Streamer in einem Fluss mit viel Strömung an den oft sehr tiefen Standplätzen in Grundnähe zu präsentieren. Allein dafür ist oft schon sehr schweres Gerät notwendig. Ursprünglich wurden zwei Wege eingeschlagen, um diese tiefen Standplätze zu befischen: Man benutzte extrem beschwerte „Streamer" oder man benutzte relativ leichte Streamer und extrem schnell sinkende Schnüre. Bei der ersten Methode wurden die „*Streamer*" häufig auf Jighaken mit Bleiköpfen von 20 und mehr Gramm gebunden. Natürlich lassen sich solche Köder nicht mehr wirklich mit einer Fliegenrute werfen und wurden nur noch in Spinnanglermanier ausgeworfen. Das Ganze hat dann mit Fliegenfischen eigentlich nur noch gemeinsam, dass man den Fisch an Fliegengerät drillt. Es soll deshalb auch nicht Gegenstand eines Buches über das Streamerfischen sein.

Mit schweren Sinkschnüren und relativ wenig beschwerten Streamern lassen sich die Standplätze häufig ebenfalls befischen. Welche Schnurklasse zum Einsatz kommt hängt beim Huchenfischen extrem stark von den konkreten Gegebenheiten vor Ort ab. An großen Flüssen mit starker Strömung und tiefen Löchern, in denen sich die Huchen aufhalten, braucht man allerschwerste Sinkschnüre, um in Grundnähe zu kommen. Diese Schnüre lassen sich oft nur noch mit Einhandruten der Klassen 10 bis 12 oder entsprechenden kurzen Zweihandruten werfen. Je nach Größe der zu erwartenden Fische, den Gegebenheiten am Fluss (Strömungsdruck, Verblockung, Möglichkeiten dem Fisch zu folgen...) braucht man die Schnurklasse auch, um einen großen Huchen in der Strömung zu drillen und zu landen. Grundsätzlich ist der Huchen kein sehr starker Kämpfer, aber er kann sein hohes Körpergewicht sehr effektiv in der Strömung einsetzen. In flacheren Gewässern mit einem moderaten Strömungsdruck und weniger tiefen Standplätzen kommt man auch schon mit einer Klasse 8 bis 9 zurecht.

Häufig sind viele Huchenstandplätze – Wehrgumpen, tiefe Rinnen, ausgespülte Löcher hinter Brückenpfeilern, Bacheinläufe, Kehrwasser hinter Buhnen oder Störsteinen etc. – den Fischern, die das Gewässer regelmäßig befischen, bekannt. Oft werden die Huchen auch während der Forellensaison ab und zu beobachtet, so dass man ihnen später gezielt nachstellen kann. Das erhöht natürlich die Chancen, im Vergleich zum Fischen auf Verdacht, erheblich, besonders da Huchen in den allermeisten Gewässern nicht in einer großen Stückzahl vorkommen.

Auf Huchen wird meistens im Winter, kurz vor der Laichzeit, gefischt. Die Fische sind nun recht aggressiv und brauchen Energie für das bevorstehende Laichgeschäft. Außerdem führen nun die Flüsse kein Schmelzwasser und sind deshalb relativ flach und klar.

Befischt man einen Huchen an seinem Standplatz, muss man mit dem Streamer zu ihm hinunter und nah an ihn ran. Wenn der Fisch keinen Hunger hat, ist das die einzige Möglichkeit, ihn zum Biss zu provozieren.

Anders ist es, wenn ein Huchen seinen Standplatz verlässt und auf Jagd geht. Dazu schwimmt er durchaus einmal ein ganzes Stück von seinem Unterstand weg und jagt auch in flacheren Bereichen und im Mittelwasser. In dieser Situation hat man die besten Erfolgsaussichten; der Fisch ist hungrig und mit dem Streamer erreichbar.

An Gewässern mit wenig Rückraum zum Werfen kann das Streamerfischen mit der schweren Einhandrute und Sinkschnur sehr schwierig und anstrengend sein. Einen großen Streamer an einer Sinkschnur mittels Rollwurf zu transportieren erfordert viel Geschick und auch viel Kraft. Grundsätzlich sollte man in solchen Fällen Streamer verwenden, die sich möglichst wenig mit Wasser voll saugen aber dennoch groß und voluminös sind. Große Deceiver, Clouser Minnows und sparsam gebundene SF-Blend-Streamer lassen sich noch am einfachsten werfen und sind geeignet, einen Huchen zu verführen. Huchenstreamer sind meistens etwas dunkler und weniger farbenfroh als Hechtstreamer, aber Versuche mit bunteren Mustern funktionieren manchmal auch.

Mit dem Aufkommen von kurzen starken Zweihandruten und extrem schnell sinkenden Skagit-Schnüren hat sich das Werfen mit großen Streamern bei eingeschränktem Rückraum sehr vereinfacht. Bewährt haben sich Ruten von 11' bis 12'6" mit einem Schusskopfgewicht von 30 bis 40 Gramm. Besonders die Skagit-Technik, die dafür entwickelt wurde, schwere Sinkschnüre und große Fliegen zu werfen, vereinfacht das Streamerfischen auf Huchen sehr.

Als beste Zeit für das Huchenfischen wird allgemein der Winter angesehen. Besonders Tage mit einsetzendem Tauwetter und trübem Himmel sind erfolgversprechend. Man sollte dann auch nicht zu früh Schluss machen, da die Huchen gerne mit einbrechender Dunkelheit aktiv werden.

Mirjana Pavlic mit einem schweren Huchen aus der Mur. Der Fisch biß auf einen unbeschwerten Deceiver an einer Teeny T650 Sinkschnur.

Typische Huchenstreamer

Der Biss eines Huchens kann brachial sein, ist aber häufig genug auch nur ein sehr zartes Anfassen, als hätte man ein vorbei treibendes Blatt gehakt. Spürt man das Gewicht des Fisches am Ende der Schnur, sollte man einige sehr kraftvolle Strip Strikes mit der Schnurhand setzen. Das Maul eines Huchens ist sehr hart. Ein großer Huchen fordert im Drill schon aufgrund seines hohen Gewichts und der Strömung dem Fischer und dem Gerät einiges ab. Er ist aber bei weitem nicht so schnell und explosiv wie ein Lachs oder eine große Regenbogenforelle. Meistens schlägt er nur hart mit dem Kopf, setzt sein Gewicht ein oder rollt sich an der Oberfläche.

HECHTFISCHEN MIT DFM STREAMER

Das Streamerfischen auf Hecht ist in den letzten Jahren sehr populär geworden. Nicht ohne Grund: Hechte lassen sich sehr gut mit Streamern fangen, sie sind in ausgesprochen vielen Gewässern vorhanden, sie sind groß, und ihre Attacken sind hart und häufig sehr spektakulär.

Zunächst einmal zur passenden Ausrüstung:
Gerade beim Hechtfischen gilt, die Schnurklasse muss hoch genug sein, um die verwendeten Streamer problemlos zu werfen.

HECHTFISCHEN MIT DEM STREAMER

Dieser Hecht konnte dem Streamer nicht widerstehen.

Kommt man mit kleineren, leicht zu werfenden Streamern bis maximal 15 Zentimeter Länge aus, kann man eine leichtere Rute und Schnur wählen als bei Großstreamern mit mehr als 20 Zentimeter Länge. Im ersten Fall reicht schon eine kräftige Siebener Rute, bei sehr großen Streamern ist Schnurklasse neun bis zehn angemessen. Ein erfahrener Fischer, der im Drill das Kraftpotential seiner Rute nutzt, kann auch einen Meterhecht mit einer Siebener Rute souverän und schnell drillen. Natürlich wird man dennoch bei der gezielten Jagd auf kapitale Hechte eher eine kräftigere Rute und größere Streamer verwenden.

Kleine Hechtstreamer können verwendet werden, wenn das Gewässer relativ klein und flach ist, so dass man die möglichen Standplätze systematisch abfischen kann und somit jedem Hecht, der sich darin befindet, den Streamer in seiner Nähe präsentiert. Auf kurze Distanz attackiert ein Hecht auch kleine Köder.

Fischt man eine große Wasserfläche ab und müssen die Hechte den Streamer von weit weg oder aus mehreren Metern Tiefe wahrnehmen und attackieren, sollte er deutlich größer sein. Dass man gerade beim Hechtfischen die Widerhaken andrückt, sollte selbstverständlich sein. Ein widerhakenloser Haken dringt leichter ins Hechtmaul ein. Er lässt sich auch leichter wieder lösen und verursacht weniger Verletzungen sowohl im Hechtmaul als auch am eigenen Körper, falls man sich beim Werfen aus Versehen mal selbst mit dem Streamer trifft.

Da ein normales Monofilvorfach den scharfen Zähnen eines Hechtes nicht standhält, müssen wir spezielle Vorfachspitzen verwenden. Die am meisten verwendeten Materialien dafür sind:

- Stahlseide
- Titandraht

Stahlseide gibt es in vielen Qualitäten. Wie gerade bemerkt, können manche Stahlvorfächer leicht knicken und ihre Tragkraft einbüßen. Am besten bewährt haben sich dünne 49-drähtige Stahlseiden, wie Flexonit oder Canelle Supra. Sie lassen sich leicht knoten, sind sehr geschmeidig und in dünnen Stärken (7kg Tragkraft reichen fast immer) nicht sehr auffällig. Wickeln sie sich beim Werfen jedoch um einen Ast oder Schilfhalm, bekommt man sie danach nicht wieder gerade gestreckt und muss sie austauschen.

Titandraht, wie Knot2Kinky oder Stroft Monowire neigt dagegen wesentlich weniger zum Kringeln als Stahlseide. Man kann ihn ebenfalls knoten, und er ist recht dünn und unauffällig. Ist in dem der Titandraht aber dennoch mal ein Knick entstanden, sollte man ihn besser austauschen. Er kann sonst leicht an dieser Stelle brechen.

Hard Mono oder dickes Fluorcarbon werden auch häufig als Spitzenmaterial für Hechtfliegen empfohlen. Ich rate entschieden davon ab. Auch dickes Monofil ist nicht wirklich hechtsicher, und letzendlich sind dicke Spitzen aus Hardmono oder Fluorcarbon weder weniger sichtbar noch leichter zu knoten als Stahlseide oder Titandraht.

Der Aufbau meines Hechtvorfachs ist relativ simpel. Ich verwende für das Butt-Ende ein etwa 1 m langes Stück 0,80er Fluorcarbon. Am oberen Ende knote ich einen Perfect Loop, mit dem ich später das Vorfach in die Fliegenschnur einschlaufen kann. Am unteren Ende knote ich mit einem Albright Knot einen Meter 0,50er Fluorcarbon an, daran dann, ebenfalls mit einem Albright Knot, etwa 40 cm Titandraht. An die Spitze des Titandrahtes knote ich mit einem Clinchknoten einen robusten Einhänger, um die Streamer einfach wechseln zu können. Verwende ich eine Sinkschnur zum Hechtfischen, verzichte ich auf das dicke Butt-Ende, so dass das Vorfach etwa einen Meter kürzer ist.

Die beliebteste Zeit zum Hechtfischen mit dem Streamer ist sicherlich der Saisonbeginn im Mai. Die meisten Hechte halten sich nun nach der Laichzeit noch in den Flachwasserbereichen der Gewässer auf. Da sie vom Laichgeschäft hungrig sind und in der Schonzeit keinem Befischungsdruck ausgesetzt waren, stehen die Chancen für jeden Streamerfischer sehr gut. In der Regel kommt man in dieser Zeit mit einer Schwimmschnur oder einer langsam sinkenden Intermediateschnur aus. Die Streamer dürfen gerne leuchtende Farben haben und glitzern. Die Farben gelb, orange, chartreuse und pink scheinen im Frühjahr einen besonderen Reiz auf die Hechte auszuüben. Die Fischerei ist besonders spannend, wenn man die leuchtenden

HECHTFISCHEN MIT DEM STREAMER

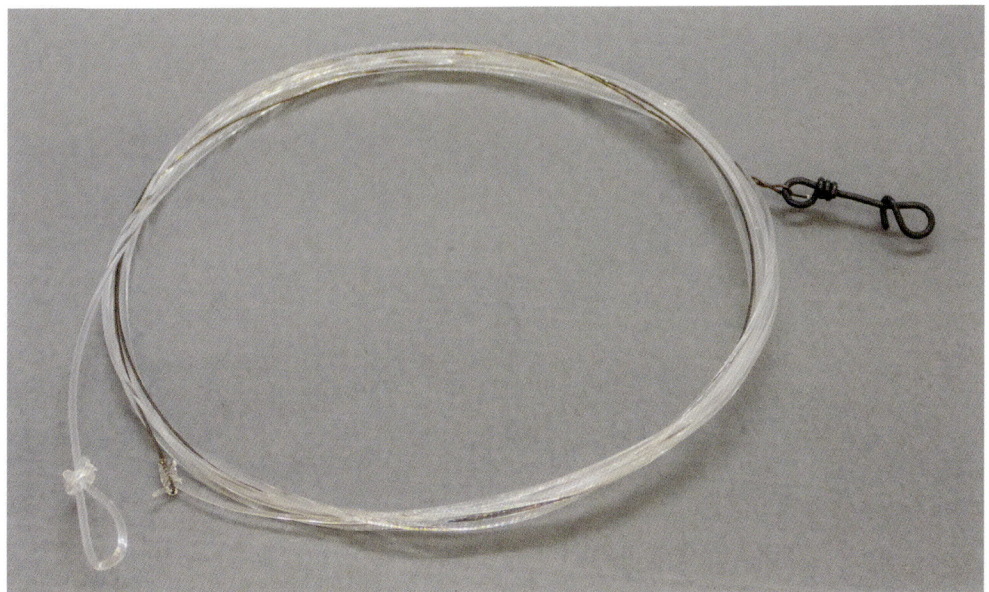

Fertig geknotetes Hechtvorfach

Bei den Einhängern sollte man darauf achten, dass sie wirklich stabil sind und sie sich nicht versehentlich öffnen können. Diese *Serious Pike Snaps* sind meine erste Wahl.

Streamer im Wasser sehen kann und dann den blitzschnellen Angriff eines Hechtes auch optisch erlebt.

Etwas später im Jahr ziehen sich die Hechte häufig in etwas tiefere Bereiche des Gewässers zurück. Viele Hechte stehen aber immer noch gut für den Streamer erreichbar am Rand von Seerosenfeldern, in versunkenen Baumleichen, unter Büschen am Ufer und in Krautfeldern. In Seen mit weniger als 10 Metern Wassertiefe kann man die Hechte auch im Freiwasser finden. Ein sehr guter Indikator sind immer Schwärme von Futterfischen. Im Freiwasser deuten jagende Haubentaucher oder Gänsesäger auf Futterfische und damit auch Hechte hin. In solchen Fällen sind ein Ruderboot oder ein Bellyboat hilfreich. Besonders ein Bellyboat eignet sich, wenn man keine allzu großen Strecken zurücklegen muss, hervorragend zum Hechtfischen. Man kann sich lautlos und unauffällig jedem Standort nähern, gebraucht die Füße mit den Flossen, um sich fort zu bewegen oder auf der Stelle zu halten und hat die ganze Zeit die Hände frei, um zu fischen. So kann man sehr kontrolliert die Ränder von Seerosenfeldern, unterspülte Ufer, überhängende Bäume und Löcher in verkrauteten Gewässern abfischen.

In Gewässern, in denen die Hechte öfters Frösche oder Entenküken von der Oberfläche holen, kann das Fischen mit großen Poppern zu spektakulären Attacken führen. Auch bei sehr trübem Wasser oder bei Pflanzenbewuchs bis dicht unter die Oberfläche ist das Popperfischen sehr interessant. Durch die lauten Ploppgeräusche macht man jeden Fisch auf den Köder aufmerksam. Dennoch reagieren manche Hechte erst nachdem man ihnen den Popper mehrfach präsentiert hat. Diese Reaktion ist dann aber oft extrem heftig. Viele Hechte springen mit dem Popper im aufgerissenen Rachen im hohen Bogen aus dem Wasser. Gut ist es, nun die Nerven zu bewahren und den Anhieb erst zu setzen, wenn der Hecht wieder abtaucht.

Im Sommer jagen die Hechte vor allem in den frühen Morgen- und späten Abendstunden. Tagsüber, wenn die Sonne hoch am Himmel steht, sind sie meistens deutlich weniger aktiv.

Im Herbst und Winter sind sie auch Tags über aktiv. Solange das Wasser nicht zu kalt wird für ihren Stoffwechsel, legen sie sich ein Fettpolster für die bevorstehende Laichzeit zu. In tiefen Seen stehen die Hechte nun oft unerreichbar tief. In flacheren Gewässern findet man sie häufig in den tieferen Rinnen und Löchern, in denen sich auch die Weißfische aufhalten.

Besonders im Winter, kurz vor der Schonzeit, wenn das Wasser sehr kalt wird, sammeln sich oft Hechte in großen Stückzahlen in solchen Löchern und Rinnen. Sie sind aber nun sehr träge. Doch gerade deshalb ist nun der Streamer der perfekte Köder, um die Hechte aus der Reserve zu locken. Kein anderer Kunstköder kann so langsam und fast schwebend geführt werden und dabei so verführerisch spielen wie ein aus weichen Materialien gebundener Hechtstreamer. Man sollte bei kaltem Wasser auch durchaus hartnäckig sein. Oft dauert es eine ganze Zeit, bis der erste Hecht aktiv wird und den Streamer greift. Durch die entstehende Unruhe beim Drill werden aber anderen Hechte meist etwas „aufgeweckt", so dass bei den nächsten Würfen noch mit weiteren Bissen gerechnet werden kann.

Über die sicherste und waidgerechteste Art der Landung wird bei Hechtfischern auch ausgiebig diskutiert. Das mit Zähnen starrende Hechtmaul macht es nicht einfach und ungefährlich, den Haken schnell und sicher zu lösen. Selbst bei einem gekescherten Hecht ist es nicht einfach, weil er häufig das Maul fest verschlossen hält. Die in meinen Augen sicherste Methode, die aber beim ersten Mal etwas Überwindung kostet, ist der Kiemendeckelgriff. Dazu greift man dem Hecht vorsichtig direkt unter den Kiemendeckel und gleitet mit der Hand an der Innenseite des Kiemendeckels in Richtung Maulspitze bis zu der Stelle, an der der Kiemendeckel angewachsen ist. Nun hat man den Hecht fest im Griff und kommt weder mit den empfindlichen Kiemenbögen noch mit den scharfen Zähnen in Berührung. Hebt man den Fisch etwas aus dem Wasser, hält er still und öffnet das Maul. Der Streamer kann nun schnell und problemlos entfernt werden.

Kiemenbogengriff

Verschiedene Hechtstreamer.

DER ZANDER

Der Zander gilt allgemein als Fisch, der sich im tiefen, grundnahen und meistens auch eher trüben Wasser aufhält. Alles das spricht nicht unbedingt für das Streamerfischen. Aber auch das Verhalten eines Zanders ist von Gewässer zu Gewässer, Situation zu Situation unterschiedlich. Viele Zander wurden schon mit Wobblern und Blinkern im Mittelwasser gefangen. Also spricht nichts gegen die Verwendung eines entsprechenden Streamers.

Zander, die tiefer stehen als 6 bis 8 Meter, und das möglicherweise auch noch in sehr trübem Wasser, sind in der Tat kaum mit dem Streamer zu fangen, da wir sie nicht wirklich erreichen. Etwas flacher stehende Fische, in seichteren Gewässern oder im Mittelwasser, sprechen aber oft sehr gut auf einen Streamer an.

Direkt nach der Schonzeit bewachen die Zander häufig ihr Nest am Gewässergrund und sind extrem aggressiv. Ein an einer Sinkschnur tief angebotener Streamer in ihrer Nähe wird meistens sofort vehement angegriffen. Wer solche Standplätze – versenktes Totholz, abgestorbene Wasserpflanzen, Baumstubben etc. – in einer mit Sinkschnur gut erreichbaren Tiefe kennt,

Ein tief geführter Clouser Minnow wurde diesem Zander zum Verhängnis.
Fotos © Jannic Stachnau

hat je nach Schonzeit, ab Ende Mai beste Chancen. Die Streamer dürfen dann gerne ziemlich grelle und gut sichtbare Farben haben und 10 bis 15 Zentimeter lang sein. Besonders gelb und chartreuse haben sich bewährt. Bei einem Untergrund mit Hängergefahr sind *upside down* laufende Streamer, wie ein Clouser Minnow eher geeignet, weil sie durch ihren nach oben zeigenden Hakenbogen weniger am Grund hängen bleiben.

Je nach Wassertiefe und Streamergröße kommen beim Zanderfischen Ruten der Klassen 7 bis 9 mit entsprechenden Sinkschnüren zum Einsatz.

Später im Jahr suchen die Zander andere Standplätze auf. In Flüssen und Kanälen findet man sie häufig an Steinpackungen, in Buhnenfeldern, an Spundwänden, Brücken und Fähranlegern. Das Befischen dieser Stellen mit dem Streamer ist oft sehr schwierig. Häufig fehlt der Rückraum für weite Würfe, oft ist das Wasser sehr tief und fast immer sind solche Stellen extrem hängerträchtig. Dennoch kann ein Versuch mit dem Streamer sehr erfolgreich sein. Besonders die großen, erfahrenen Zander reagieren auf die Köder, die sie bereits kennen sehr ablehnend. Ein verführerisch geführter Streamer ist für sie meistens neu,

Ein toller Freiwasser-Zander!
Fotos © Jannic Stachnau

nicht mit schlechten Erfahrungen behaftet und sehr attraktiv.

Die eigentliche Stärke des Streamers ist jedoch das Fischen im Freiwasser. Besonders in den Abendstunden jagen die Zander sehr häufig hinter Fischschwärmen in Ufernähe oder im Freiwasser knapp unter der Oberfläche. Wer tagsüber Kleinfischschwärme in der Nähe von typischen Zanderstandplätzen ausgemacht hat, sollte abends bis in die Dunkelheit hinein im Bereich dieser Schwärme fischen. Oft reicht dann eine Intermediateschnur oder sogar eine Schwimmschnur. Manchmal kann man abends die Zander sogar an der Oberfläche jagen sehen, wenn die Kleinfische aus dem Wasser spritzen. Schlanke Kleinfischimitationen, wie Polar Minnows oder Deceiver passen dann meistens perfekt ins Beuteschema. Selbst Popper und Gurgler an der Oberfläche werden genommen.

Obwohl der Zander ein eindeutiger Raubfisch ist, reicht im Prinzip eine ca. 0,30er Vorfachspitze, um ihn sicher zu drillen. Befinden sich allerdings Hechte in dem Gewässer, sollte man auch beim Zanderfischen ein dünnes Stahlvorfach verwenden. Der Biss eines Zanders fühlt sich oft an wie ein Hänger. Man sollte deshalb auch, wenn man glaubt, am Grund zu hängen, zunächst einmal weiter strippen. Ist es ein Fisch, setzt man dadurch den Haken.

Im Drill gehört ein Zander nicht zu den wirklich spektakulären, kampfstarken Gegnern. Er schlägt etwas mit dem Kopf und macht ein paar kurze, eher halbherzige Fluchten. Ab einer gewissen Größe kann er allerdings vieles wieder durch sein Gewicht wett ma-

Verschiedene Zanderstreamer.

chen. Außerdem ist er natürlich als ausgezeichneter Speisefisch bei vielen Streamerfischern beliebt.

DER BARSCH

Flussbarsche kommen bei uns in fast allen erdenklichen Gewässertypen vor und gehören durch ihre große Verbreitung, ihr aggressives Verhalten und ihr wohlschmeckendes Fleisch zu den bei uns Anglern beliebtesten heimischen Süßwasserfischen. Barsche sind sehr anpassungsfähig und führen in verschiedenen Habitaten ein ziemlich unterschiedliches Leben. In Gewässern mit wenig Nahrung und hoher Bestandsdichte neigen sie zum *Verbutten*. Das heißt, sie bleiben sehr kleinwüchsig und ernähren sich hauptsächlich von Wasserinsekten und Kleingetier. Sie können oft in großen Stückzahlen beim Nymphenfischen gefangen werden, sind aber nicht Gegenstand dieses Buches.

Bei entsprechendem Futterangebot leben die Barsche räuberisch und schrecken auch vor relativ großer Beute nicht zurück. Man findet sie in sehr tiefen Gewässerbereichen, die oft außerhalb unseres Aktionsradius liegen, aber auch im Freiwasser und in Flachwasserzonen.

Barsche lieben bestimmte Standplätze. Besonders Erhebungen vom Gewässergrund, sogenannte Barschberge, gehören zu den Stellen, an denen man sie fast immer antrifft. Auch Bootsstege, Brücken, Scharkanten, Bacheinläufe und Seerosenfelder sind typische Barsch-Stellen.

Der Flussbarsch nahm den Streamer mit ganzer Entschiedenheit.

Vom Herbst bis in das frühe Frühjahr halten sich die Barsche häufig in den tieferen Bereichen eines Gewässers auf. Zur Laichzeit ziehen sie dann ins Flachwasser, oft auch in kleine Bäche und Gräben, um dort ihre Laichbänder an Wasserpflanzen und Totholz abzulegen. Sie sind dann sehr aggressiv, können häufig im flachen Wasser gut ausgemacht werden und nehmen einen angebotenen Streamer fast ohne zu zögern. Man sollte sich allerdings fragen, ob es fair und waidgerecht ist, laichende Fische zu fangen, zumal ihr Wert für die Küche dann auch nicht optimal ist.

Die Barschsaison beginnt für mich zusammen mit der Hechtfischerei im Mai. Beim Hechtfischen vom Boot aus habe ich mir seit einigen Jahren angewöhnt, auch eine einsatzbereite Rute mit einem Barschstreamer mit mir zu führen. In vielen Seen verfolgen immer wieder ganze Trupps von starken Barschen meinen angebotenen Hechtstreamer. Der schnelle Wechsel auf die andere Rute mit einem hellen Wooly Bugger oder einem Clouser Minnow bringt meistens ein oder zwei Barsche *ans Band*. Selbst an den kleineren Hechtstreamern bleiben sie oft hängen.

Die beste Zeit, um gezielt auf Barsche zu fischen, ist für mich der Sommer, wenn die in großen Schwärmen vorhandenen Brutfische ungefähr vier bis sechs Zentimeter lang sind. Nun werden sie von im Rudel jagenden Barschen fast jeden Abend im flachen Wasser und am Rand von Seerosen- und Krautfeldern verfolgt und gejagt. Diese „Feeding Frenzy" zu beobachten, sich mit dem Boot oder Belly Boat vorsichtig zu nähern und dann einen Streamer in das wilde Getümmel zu werfen, gehört für mich zu den faszinierendsten Arten des Streamerfischens.

Der Biss erfolgt in solchen Situationen fast immer sofort. Meistens begleiten einige

Auch kleinere Barsche sind aggressive Räuber.

Barsche den gehakten Fisch bis ans Boot. Ein Mitangler kann die Situation dann häufig ausnutzen und die mit schwimmenden Barschen anwerfen. So eine Barschattacke ist meistens so schnell vorüber, wie sie begonnen hat. Die Fische sind aber häufig noch in der Nähe. Ein systematisches Suchen mit einem Streamer im Mittelwasser bringt regelmäßig noch weitere Fische.

Kann man keine Oberflächenaktivität ausmachen, befischt man die typischen Standplätze. Viele Angler benutzen einen Fishfinder, um die Barschschwärme oder zumindest die Barschberge am Gewässergrund zu entdecken. Das ist natürlich sehr effizient, nimmt aber der Suche auch viel von ihrem Reiz. Oft sind die Tiefenlinien eines Sees auch in einer Gewässerkarte vermerkt. Auf diese Art und Weise einen Standplatz zu entdecken, und auf unnötige Elektronik zu verzichten, finde ich wesentlich anspruchsvoller und interessanter.

Auch das Abfischen der Ränder von Seerosen- und Krautfeldern mit einem kleinen Popper oder Gurgler lockt oft große Barsche an die Oberfläche und kann enorm spannend sein.

Barsche lassen sich in der Regel mit dem typischen Streamergerät für Forellen befischen. Je nach Streamergröße Klasse 5 bis 7. Als Schnüre kommen, je nach Gewässerbeschaffenheit vom Schnellsinker bis zur Schwimmschnur alle erdenklichen Sinkgeschwindigkeiten zum Einsatz.

Welche Streamer bevorzugt werden, und wie groß sie sein sollen, ist auch in jedem Gewässer anders. Besonders bewährt haben sich Wooly Buggers in verschiedenen Farben, besonders in orange, weiß und lachsfarben, Clouser Minnows in chartreuse-weiß, grau-weiß und orange-weiß und vor allem Polar Minnows im Barschdekor. Aber an jedem neuen Gewässer ist zunächst einmal Ausprobieren der Schlüssel zum Erfolg.

Typische Barschstreamer.

DER RAPFEN

Der Rapfen gehört ebenfalls zu den Fischen, die die Fliegenfischer erst vor relativ kurzer Zeit für sich entdeckt haben. Er gilt als aggressiver Räuber, der vor allem auf sehr schnell geführte Streamer mit heftigen Attacken reagiert.

Aber auch bei Rapfen ist das Verhalten sehr situationsabhängig. Rapfen machen meistens auf sich aufmerksam, wenn sie an der Oberfläche auf Kleinfische jagen. Häufig treiben sie ganze Schwärme von Futterfischen vor sich her, die dann in einer wilden Flucht aus dem Wasser springen. Auch die Rapfen kommen dann gerne mit dem Körper aus dem Wasser heraus und zeigen sich an der Oberfläche. Manchmal jagen sie die Fische so weit ins flache Wasser, dass sie selbst stranden und sich mühsam wieder ins tiefere Wasser zurückstrampeln müssen.

Der Rapfen gilt allgemein als Flussbewohner, kommt aber auch in einigen Seen und Stauseen vor. Besonders in den Seen macht das Streamerfischen auf Rapfen eigentlich nur Sinn, wenn man die Fische entweder rauben sieht, oder zumindest große Schwärme von Futterfischen gefunden hat. Die Rapfen stehen dann meistens außerhalb oder unter den Futterfischschwärmen. Zeigen sie keine Aktivität an der Oberfläche, kann man einen Streamer mit einer Intermediateschnur vor und unter dem Schwarm anbieten. Die Einholgeschwindigkeit muss dabei nicht unbedingt extrem schnell sein. Man sollte ruhig etwas variieren, um die Fische zum Anbiss zu reizen. Die Streamer sollten von ihrer Größe und der Körperform ungefähr mit den Futterfischen übereinstimmen. Ein klein wenig größer darf es gerne einmal sein, damit der Streamer als besonders lohnendes Opfer erscheint. An Gerät kommen typischerweise 9 Fuss lange Ruten der Klassen 6 bis 8 zum Einsatz. Die Schnüre sind in der Regel schwimmend oder intermediate.

Jagende Fische reagieren auch sehr positiv auf Oberflächenköder wie Popper, Slider und Gurgler. Da man mit solchen Ködern die Attacken mit eigenen Augen miterleben kann, ist diese Fischerei natürlich besonders spektakulär. Oft nehmen die Rapfen so einen Popper oder Gurgler erst nach mehreren Anläufen weit genug, dass der Haken fassen kann. Deshalb sollte man auf keinen Fall mit der Rute anschlagen, sondern immer weiter strippen, bis man das Gewicht des Fisches deutlich spüren kann und erst dann die Rute anheben.

Im Drill wehrt sich ein Rapfen in der Regel zunächst heftig, mit schnellen Fluchten, ist

aber nicht sonderlich ausdauernd. Auch sehr große Fische können meistens relativ schnell gelandet werden.

In vielen Flüssen gibt es typischen Rapfenstandplätze, an denen sich die Fische regelmäßig aufhalten: Ausläufe von Wehranlagen, Buhnenköpfe, Warmwassereinleitungen, Kehrwasser neben schnellen Rauschen, vor Sandbänken etc. Besonders dort, wo sehr schnelles Wasser und ruhige Bereiche direkt nebeneinander liegen, halten sich oft Rapfen auf. Eine effiziente Methode ist es dann, den Streamer in die harte Strömung zu werfen und die Schnur zusätzlich im Bogen stromab zu menden. Der Streamer nimmt dadurch eine hohe Geschwindigkeit auf. Gerne wird er genau im Übergang zum ruhigen Wasser genommen. An manchen norddeutschen Gewässern sind die Rapfen schon sehr früh im Jahr aktiv. Zum Beispiel in meinem Hausrevier, der Stör jagen sie schon gerne schon im Februar hinter den aufsteigenden Stintschwärmen her, wenn wir einen milden Winter haben. Ansonsten trifft man ab der Laichzeit im Mai bis in den Herbst auf Rapfen, die hinter Brutfischen und Kleinfischschwärmen herjagen.

Auch wenn Rapfen sich beim Jagen oft sehr wild gebärden und häufig ohne zu zögern den Streamer attackieren, sind sie bei weitem nicht immer unvorsichtig. An manchen Gewässern verhalten sie sich sehr scheu und sind bei klarem Wasser und glatter Oberfläche fast nicht zu fangen. Etwas Wind, der die Oberfläche kräuselt, und sehr weite Würfe können dann helfen. Gerade bei einem sehr hohen Aufkommen

Rapfen aus dem Eixendorfer Stausee.

von kleiner Fischbrut wird die Streamerfischerei schwer. Die Rapfen sind nun häufig sehr selektiv und haben Futter im Überfluss. Ausdauerndes Fischen am Rand der Fischbrutschwärme und gezieltes Anwerfen jagender Rapfen kann aber dennoch zum Erfolg führen.

Kleine Streamerauswahl auf Rapfen.

DER WALLER

Als ich zum ersten Mal gehört hatte, dass jemand einen Waller mit dem Streamer (in jenem Fall sogar mit einem Popper!) fangen wollte, hielt ich das für kompletten Unsinn. Ich konnte mir einfach nicht vorstellen, dass so ein, verborgen im schlammigen Wasser, am Grund lebender Fisch mit winzigen Augen auf einen Streamer ansprechen soll. Inzwischen weiß ich es besser und halte das Streamerfischen auf Waller in gewissen Situationen für nicht nur möglich, sondern sogar für eine sehr effiziente Methode.

Besonders im Frühsommer zur Laichzeit halten sich die Waller gerne im flachen Wasser auf und können manchmal sogar auf Sicht befischt werden. Hierzu möchte ich gerne einen sehr beeindruckenden Bericht meines Bekannten Ingo Klein zitieren:

(...) Gestern also nach der Arbeit sollte es soweit sein. Ziel war einer der Weserhechte, gerne in XXL-Ausführung.

Wir fischten bestimmt etwa 2 Stunden verschiedene Buhne und Krautfelder, die nach dem Winter nun im Frühjahr so langsam wieder entstanden, ab. Bei sehr trübem Wasser fischten wir unseren Streamer jedoch ohne das geringste Anzeichen von Hechten.

Irgendwann winkte mich Carsten, etwa zwei Buhnen flußauf zu sich, deutete ins Wasser und sagte die verhängnisvollen Worte: „Da guckte gerade der Schwanz von einem Waller kurz raus!"

Waller?! Bisher kannte ich diese urtümlichen Fische aus der Zeitschrift oder dem Internet. Und gerade da ich in den letzten Jahren eigentlich nur noch der Fliegenfischerei nachging, war diese Fischart für mich also irgendetwas ganz weit weg...

Carsten hatte schon in Frankreich Welse mit herkömmlichem Besteck überlisten können und meinte nur: „Den fängste jetzt!".

Also erst mal das 0,35er Stroft mit dem 11-Kilo Stahlvorfach von der LPXe RS #9 geschnitten und 0,74er Flourocarbon von Carsten montiert. Karabiner, Wirbel angeknüpft und los ging es. Als Fliege hatte ich mir Schnucki und einen Popper-Frosch aus meiner Kiste gekramt, beide auf Gamakatsu LS 5013F #6/0 gebunden.

Carsten beobachtete den nur 1 Meter vom Ufer entfernt stehenden Fisch direkt von oben und mit der Kamera im Anschlag. Während ich auf seine Anweisung begann den Fisch immer wieder laut klatschend aus ca. 10 Meter Entfernung anzuwerfen. Seine Ansage „Der hat mindestens einen Meter 50zig" machte es für mich nicht leichter, aber die Würfe kamen doch ganz gut.

Ca. 15 bis 20 Minuten dürften wir den Fisch beharkt haben, wobei er deutlich zu sehen war, sich mehrfach zeigte und sich einmal auch zur Fliege orientierte. Der Biss aber blieb aus. Innerlich hakte ich das Projekt langsam ab und fand die Begegnung mit diesem gewaltigen Fisch auch so schon ein Erlebnis.

Carsten wollte es aber wissen und meinte nur, ich solle den großen Schnucki jetzt nochmal direkt von oben an 2 bis 3 Meter Schnur immer auf die Oberfläche knallen. „Fliegenwerfen" der erste Stunde ...

Es kam also nach ein paar Versuchen so, wie ich es niemals für möglich gehalten habe:
Es schien, als ob sich die Weser mittig teilt, ein Sog wie von einem Krokodil entstand und vor unseren Augen zog sich der Bursche das Teil mit aller Wucht rein. Und ab ging es mit Volldampf mitten in die Buhne, die 9er Fliegenrute zum Bersten krumm, die Hardy sang ihr Lied. Carstens Anweisung: „Der darf das Buhnenfeld nicht verlassen" konnte ich nach wenigen Minuten nicht mehr nachkommen und der Fisch schoss ins nächste Buhnenfeld stromauf. Ich am Ufer hinterher.

Glück gehabt, der „D-Zug" hing noch am anderen Ende. Einzelne kurze, aber urgewaltige Fluchten folgten immer wieder, bis dem Fisch einfiel, doch lieber zurück in seine Stammbuhne zu ziehen. Diese war ihm dann bald auch nicht mehr gut genug und ab ging es ein Buhnenfeld weiter stromab. Knappe 15 Minuten dürfte der Drill etwa schon gedauert haben, Carstens Einschätzung ging so langsam auf die 1,70 bis 1,80 Meter zu, als die Rute kurz über dem unteren Leitring ihren Dienst quittierte und brach.
Aber der Kämpfer am anderen Ende war noch da. Ich war jetzt allerdings nur noch

Ingo Klein mit einem Waller von 2,26 Metern – Unglaublich aber wahr! Gefangen mit der Fliegenrute.

mit einer „Eisangel" mit der Klasse #24 bewaffnet. Das konnte nicht klappen! Oder doch?!

Buhnenwechsel, wieder eine flussab. Meine „Fliegenrute" bestand inzwischen nur noch aus dem Griffteil. Die Spitze war inzwischen zum Fisch hinunter gerutscht. Und so folgte ich dann dem Fisch. Wer kämpft hier eigentlich mit wem?!

Als nächstes zerlegte sich das Coating der Fliegenschnur (Guideline Pike Series WF10F) auf einigen Zentimeter, aber die freiliegende Seele hielt.

Es nimmt kein Ende - nächstens Buhnenfeld. Nach einer knappen halben Stunde: Endlich ein scheinbar müde werdender Wels. Längst war Carstens welserfahrener Kumpel Christoph unterwegs zu uns und mit großer 50 Kilo Waage, Maßband und Matte.

Nach einigem Tauziehen in Ufernähe war es dann endlich soweit, das Ungetüm kam zum Ufer und wurde von Carsten mit Wallergriff gelandet. Einfach nur unwirklich!

Die mitgebrachte Waage stellte sich bald als viel zu klein heraus, so dass es beim Messen und ein paar Bildern blieb.

Ich dachte, ich werde nicht mehr, als das Maßband bei unfassbaren 2,26 Metern stehen blieb. Die Jungs schätzen den Fisch auf mehr als 85 Kilo!

Unglaublich: die Schnur war Schrott, die Rute hat das Zeitliche gesegnet. Ich selbst war bis zum Hals mit Wallerschleim bedeckt, die Hände blutig, zerstochen und der Arm tut weh – aber ich war glücklich.

Die „traurige" Erkenntnis ist nach einigen Tagen, dass ich wohl sehr viel Aufwand betreiben muss, um in diesem Leben jemals einen größeren Fisch, zumal mit der Fliege, landen zu können.

Neben der spannenden Schilderung des Drills, bestätigt der Bericht die Erkenntnis, dass Waller oft einen zusätzlichen akustischen Reiz oder eine Druckwelle, die sie mit der Seitenlinie wahrnehmen, brauchen, um einen Streamer zu attackieren. Ebenso wie sie sich durch die Ploppgeräusche eines Wallerholzes anlocken lassen, funktioniert das offensichtlich mit einem immer wieder auf die Wasseroberfläche platschenden Streamer. Ausgemachte oder vermutete Standplätze kann man gezielt mit dieser Methode abfischen: Streamer hart servieren, nur wenige Strips lang fischen, abheben und sofort wieder hart servieren.

Auch große Popper werden von im Flachwasser stehenden Welsen oft hart attackiert.

Waller sind inzwischen in den meisten großen Flüssen Deutschlands und auch in vielen Seen vertreten. Typische Standplätze sind tiefe Ausspülungen hinter Brückenpfeilern oder Buhnen, unterspülte Ufer, Totholz und Futterplätze für Weißfische oder Karpfen. Nachts verlassen die Waller gerne ihre Standplätze, um in flacheren Bereichen zu jagen. Sie sind dann häufig deutlich beißfreudiger. Besonders bei der Nachtfischerei sollten die Streamer so beschaffen sein, dass sie von dem Waller über die Seitenlinie oder das Gehör wahrgenommen werden. Das Einbinden einer Glasrassel, einee voluminösen Rehhaarkopfes, eines „Turbo"-Coneheads oder die Verwendung eines Poppers ist dann sehr hilfreich. Die Streamer sollten die Größe von typischen, mittelgroßen Hechtmustern haben. Relativ natürliche und gedeckte Farben haben sich bisher am besten bewährt. Sie sollten allerdings auf extrem stabile Haken gebunden sein. Auch das restliche Gerät sollte enorm stabil sein – möglichst dickes 30 lbs. Fluorcarbon als Vorfach, 10er bis 12er Rute und eine robuste Rolle sind angemessen. Oft muss man den Drill bis an die Belastungsgrenze des Materials forcieren, um den Fisch von Hindernissen fern zu halten.

Foto oben: Voluminöse Tubenfliege mit Glasrassel.

Foto unten: Popper und Streamer für Waller.

MEERFORELLE, DORSCH UND ANDERE FISCHARTEN AN DER OSTSEEKÜSTE

Streamerfischen findet natürlich nicht nur im Süßwasser statt. Gerade die Raubfische im Salzwasser sind für viele Fliegenfischer eine besondere Herausforderung. In ein endlos erscheinendes Meer einen kleinen Streamer zu werfen und zu hoffen, dass ein Fisch anbeißt, erscheint vielen Fliegenfischern zunächst einmal ein wenig hoffnungslos. Dazu sind die ersehnten Beutefische auch nicht gerade dicht gesät. Die Meerforelle gilt gemeinhin als „Fisch der 1000 Würfe". Aber gerade darin, *das Unmögliche* zu schaffen, und in dem Reiz, an wilden unverbauten Küstenabschnitten zu fischen, liegt für viele die Faszination dieser Angelart.

Wer zum ersten Mal zum Fliegenfischen an die Ostseeküste kommt, sollte sich schnell einen Tunnelblick zulegen. Die unendliche Weite bis zum Horizont ist nicht unser Revier. Unsere Beute befindet sich in fast unmittelbarer Ufernähe. Wie in allen Meeren befindet sich auch in der Ostsee die größte Vielfalt und Dichte an Lebewesen in den lichtdurchfluteten Flachwasserbereichen. Dort ist für die Meerforellen und zum Teil auch für die Dorsche, der Tisch am reichhaltigsten gedeckt.

Wasser bis zum Horizont – Fliegenfischen an der Ostseeküste.

MEERFORELLEN, DORSCH UND ANDERE FISCHARTEN AN DER OSTSEEKÜSTE

Meerforellen:
An der Küste von Schleswig-Holstein und Dänemarks kann das ganze Jahr über auf Meerforellen gefischt werden. In Mecklenburg-Vorpommern gibt es eine Schonzeit vom 15. September bis 14. Dezember jedes Jahres. In Schleswig-Holstein und Dänemark gibt es zwar auch Schonzeiten, aber es dürfen in diesen Zeiten im Herbst nur Forellen im Laichkleid *nicht* entnommen werden. Das Fischen und die Entnahme von silberblanken Forellen sind erlaubt. Meerforellen ziehen unstet an unseren Küsten entlang. Wer zum ersten Mal zum Streamerfischen an die Ostsee kommt, sollte sich einen Angelführer (s.h. North-Guiding.com) von seiner Region kaufen. In diesen Reiseführern sind annähernd alle Küstenabschnitte, die zum Streamerfischen geeignet sind, detailliert beschrieben.

Bei der Auswahl des Angelplatzes sollte man im Vorfeld verschiedene Kriterien überprüfen:

- Ist der Platz passend für die Jahreszeit?
- Ist der Platz eventuell überlaufen?
- Passt der Platz zum vorherrschenden Wind?

Dazu im Einzelnen:
Meerforellen haben eine relativ geringe Temperaturtoleranz. Sie vertragen kein warmes und deshalb sauerstoffarmes Wasser und sie vertragen auch kein sehr kaltes, salzreiches Wasser. Deshalb meiden Sie im Sommer weitgehend flache Buchten mit wenig Wasseraustausch und sehr warmem, sauerstoffarmem Wasser. Sie suchen dann eher Stellen mit etwas Strömung und dadurch Sauerstoffanreicherung und Stellen mit tiefem sauerstoffreichem Wasser in der Nähe auf.

Im Winter und im frühen Frühjahr, bei niedrigen Wassertemperaturen suchen die Forellen gerne flache, brackige Buchten mit wenig Wasseraustausch auf. Besonders an den ersten wärmeren Tagen beginnen sich dort zuerst die Futtertierchen wieder zu entwickeln und ziehen die Meerforellen magisch an. Grundsätzlich ist die Fischerei im Winter auch davon geprägt, dass wenig Nahrung für die Forellen vorhanden ist und die Forellen dann einen sehr niedrigen Stoffwechsel haben. Dennoch fressen sie von Zeit zu Zeit, und dann sind sie aufgrund des geringen Angebots in der Regel nicht wählerisch. Im Frühjahr, wenn die Wassertemperatur steigt und das Futterangebot in den geschützten Buchten besonders gut ist, findet man oft viele Forellen in einem

Zwei schöne Blankfische – Lohn für viele Würfe an der Küste.

relativ kleinen Bereich. Die Fische sind nun hungrig und kommen zum Fressen in die flachen Bereiche. Dennoch sind sie nicht immer leicht zu fangen. Dazu aber später. Im Lauf des Frühjahrs werden die Forellen mit zunehmendem Nahrungsangebot immer heikler. Sie haben genug natürliche Nahrung und können unsere Streamer kritisch prüfen, bevor sie ihn nehmen. Die meisten Spinnangler stellen ab Mitte Mai das Fischen auf Meerforellen ein, weil die Fische die Spinnköder nun nur noch selten als Beute attackieren. Streamer, die in ihrer Silhouette und Bewegung sehr realistisch eine Garnele oder einen Beutefisch imitieren, bringen auch dann noch regelmäßig Erfolg.

Der Sommer und der Spätsommer galten lange Zeit als eher schlecht zum Meerforellenfischen. Tatsächlich gibt es aber besonders an der dänischen Ostseeküste ganz hervorragende Sommerstellen mit ausgezeichneten Aussichten auf wohlgenährte, kampfstarke Meerforellen. Landspitzen mit viel Strömung, Meerengen, wie der Kleine Belt und kleine Inseln mit tiefem kaltem Wasser rundherum sind nun die Hot Spots. Klassischerweise findet die Sommerfischerei bei Nacht mit schwarzen, an der Oberfläche furchenden Streamern statt. An vielen der typischen Sommerstellen hat man aber auch den ganzen Tag über sehr gute Fangaussichten, besonders am frühen Morgen oder an kühlen Tagen mit etwas Wind und bedecktem Himmel. Neben den typischen Garnelen- und Kleinkrebsimitationen sollte man im Sommer auch immer ein paar Streamer mitführen, die Fischbrut und kleine Sandaale imitieren. Häufig befinden sich sehr große Schwärme von kleinen

Sommerabend an der Ostsee.
Sauerstoffreiches Wasser und Strömung sorgen für beste Bedingungen. (Foto © Michael Zeman)

Heringen oder Sandaalen in Ufernähe. Die Meerforellen jagen darauf oftmals sehr selektiv und sind mit anderen Fliegen kaum noch zu fangen.

Wenn im Herbst das Wasser abkühlt, sind die Meerforellen wieder an der gesamten Küste unterwegs. Sie sind nun meistens recht hungrig und legen sich einen Vorrat für die bevorstehende Laichzeit und den Winter zu. Das Nahrungsangebot ist aber weiterhin groß, so dass sie immer noch wählerisch sind. Natürliche Farben, vor allem Brauntöne mit etwas orange sind im Herbst erfolgreich.

Ein Kriterium, das beim Fischen immer bedeutender wird, ist der vorherrschende Befischungsdruck. Besonders das Meerforellenfischen an der Ostseeküste hat an Popularität enorm zugenommen. Vor 20 Jahren wurde es nur von ganz wenigen Anglern betrieben, und die Forellen nahmen fast jeden Köder ohne zu zögern. Inzwischen trifft man an den populärsten Küstenabschnitten fast jeden Tag mehrere Meerforellenfischer. Jede Forelle, die dort entlang schwimmt, bekommt die verschiedensten Köder vorgesetzt. Wenn sie bisher überlebt hat, dann nur, weil sie die Köder gemieden hat, oder weil sie Glück hatte und zurückgesetzt wurde bzw. von alleine wieder los kam. Dieser Befischungsdruck macht die Forellen vorsichtig. Auch die Unruhe, die eine große Anzahl von Anglern auf einem Fleck verbreitet, alarmiert die Forellen. Oft machen sie einen großen Bogen um solche Stellen und kommen etwa 200 Meter davor oder dahinter wieder in Ufernähe. Ich empfehle deshalb, solche Angleransammlungen zu meiden und reichlich Abstand zu halten. Auch auf die Flie-

Pattegrisen und Samsoekiller, zum Größenvergleich daneben die klassische Meerforellenfliege Magnus.

genwahl hat der Befischungsdruck großen Einfluss. Klar, dass eine Fliege, die einem Schema entspricht, das die Forellen täglich vorgesetzt bekommen und als gefährlich erkannt haben, weniger gut fängt als etwas ganz neues und bisher unbekanntes. Dadurch kann man sich auch den erstaunlichen Erfolg, den Streamer wie die bekannte Pattegrisen von Claus Ericson, der Samsoe Killer von Bernd Ziesche oder fast handlange Tobiasfischimitationen vor ein paar Jahren hatten, erklären.

Diese Muster passten nicht in das Schema, der von den Forellen als gefährlich erkannten Streamermuster. Sie waren viel größer und bewegten sich anders, ähnelten weder den klassischen Meerforellenfliegen noch einem Spinnköder. Sie füllten perfekt eine Lücke. Heute, nach einigen Jahren „Pattegrisen-Hype" lässt die Attraktivität dieser Muster stark nach.

An der Küste weht fast immer ein recht starker Wind. Man muss sich als Streamerfischer damit arrangieren und kann ihn meistens sogar sehr gut nutzen. Auflandiger Wind, Wellengang und leicht angetrübtes Wasser gelten allgemein als optimale Bedingungen. Dennoch macht es wenig Sinn, direkt gegen einen Wind mit vier oder mehr Beaufort anzuwerfen. Man bekommt kaum ein Vorfach gestreckt und die Wellen werden uns fast umwerfen. Eine Stelle, an der wir (als Rechtshänder) den Wind mehr von der linken Seite abbekommen, erleichtert das Werfen ungemein, hält uns die Fliegenschnur vom Körper weg und bringt uns immer noch genügend Welle und Wassertrübung. Selbst bei einem waschechten Sturm können wir mit Wind von links hinten problemlos fischen und sogar extrem weit werfen. Direkter Rückenwind ist nicht so gut, er ermöglicht wenig Kontrolle über die Schnur und sorgt bei einer Steilküste im Rücken oft für gefährliche Verwirbelungen und Fallwinde.

Im Winter, bei Wassertemperaturen um den Gefrierpunkt, kann ablandiger Wind das kalte Oberflächenwasser vom Uferbereich wegdrücken und dafür sorgen, dass deutlich wärmeres Tiefenwasser nachströmt. So eine Temperaturerhöhung in kurzer Zeit macht sich stark bemerkbar, insbesonders da bei sehr niedrigen Temperaturen die Forellen die Stellen mit etwas wärmerem Wasser immer bevorzugen.

Die Technik des Streamerfischens auf Meerforellen unterscheidet sich eigentlich nicht vom Streamerfischen auf Forellen im Stillwasser, die bereit beschrieben wurde. Am Anfang steht auch hier die Wahl des passenden Platzes. Neben den Kriterien, die ich bereits aufgeführt habe, spielt

Diese große blanke Meerforelle nahm den Streamer in knietiefem Wasser.

auch der Untergrund und der Verlauf der Tiefenlinien eine Rolle. Dunkle Stellen, Muschelbänke, große Steine, Blasentang und anderer Bewuchs bieten Nahrung und Unterschlupf. Reiner Sandboden ist meistens eher weniger interessant. Auch tiefe Rinnen in Ufernähe, so genannte Badewannen, sind interessante Stellen, die sich im Frühjahr schnell aufwärmen und viele Kleinlebewesen produzieren. Ausgedehnte flache Sandbänke vor solchen Rinnen können allerdings als Barriere wirken, über die die Forellen nur ungern schwimmen. Man sollte sich dann auf die Enden dieser Sandbänke oder eventuelle Durchgänge konzentrieren.

Viele Fliegenfischer trauen sich das Meerforellenfischen an die Küste nicht zu, weil sie nicht weit werfen können. Nichts wird allerdings mehr überbewertet als die Wurfdistanz. Ein ordentlich präsentierter Streamer mit gestrecktem Vorfach, auf einer Distanz von 15 Metern hat alle Chancen, eine wirklich gute Forelle zu haken. Man muss sich immer darüber im Klaren sein, dass die Forellen zum Fressen ins Flachwasser kommen, und das meiste Futter befindet sich in einer Tiefe, die wir noch leicht bewaten können. Unauffälliges Auftreten, eine saubere Präsentation, ohne im Wasser herum zu platschen und ein waches Auge, für Anzeichen von Meerforellen oder Beutetiere tragen wesentlich mehr zum Erfolg bei als maximale Wurfdistanzen.

Dorsche:

Ein weiterer beliebter Zielfisch ist der Dorsch. Auch wenn sie gemeinhin eher in größeren Wassertiefen angetroffen werden, suchen sie doch oft nach Einbruch der Dunkelheit sehr flache, ufernahe Stellen auf und jagen dort weitgehend auf die gleichen Futtertiere wie die Meerforellen. Sie halten sich ein wenig mehr in Grundnähe auf und reagieren etwas besser auf einen etwas langsamer und tiefer geführten Streamer als die Meerforellen.

Aber Attacken auf einen an der Oberfläche furchenden Rehhaarstreamer sind ebenfalls keine Seltenheit. Leider wurde der Dorschbestand durch die Netzfischerei extrem dezimiert, so dass man Dorsche inzwischen eigentlich nur noch als relativ selten gezielt befischen kann und eher beim abendlichen Forellenfischen als Beifang an den Streamer bekommt. Das war nicht immer so. Vor 10 bis 15 Jahren gab es viele Stellen, die wir zum Meerforellenfischen gemieden haben, weil man dort einen Dorsch nach dem anderen fing. Viele dieser Stellen sind inzwischen annähernd dorschfrei. An anderen Stellen fängt man

Inzwischen leider sehr selten – guter Dorsch beim Watfischen.

zwar regelmäßig nach Einbruch der Dunkelheit mehrere Dorsche, doch sind sie meistens nicht größer als 20 bis 30 Zentimeter. Ein gezieltes Fischen auf größere Dorsche vom Strand aus ist, zumindest in Schleswig-Holstein fast nicht mehr möglich. Die Kleindorsche stürzen sich auch noch auf über 10 Zentimeter lange Streamer mit richtig großen Haken. Sollte man irgendwo dennoch größere Exemplare erwarten, sollte man auf jeden Fall ohne Widerhaken fischen, um die Kleindorsche unbeschadet abhaken zu können.

Die ersten Dorsche kommen meistens etwa in der Dämmerung eine halbe Stunde nach Sonnenuntergang ins flache Wasser. Häufig lässt ihre Aktivitäten nach ein bis zwei Stunden deutlich nach. Aber gerade wenn zuvor viele Dorsche aktiv waren, sollte man nun noch etwas weiterfischen. Oft kommen nach den Dorschen noch einmal Meerforellen ins flache Wasser.

Dorsche schlagen im Drill stark mit dem Kopf und versuchen in Richtung Grund zu entkommen. Man sollte deshalb den Drill möglichst forcieren, damit der Dorsch nicht in ein Hindernis am Grund schwimmt. Große Dorsche sind in Ufernähe meistens einzeln unterwegs und beißen ab und zu auch mitten am Tag. Die kleineren Exemplare kommen in größeren Trupps.

Tagsüber kann man auch vom Boot, Sit-on-Top Kajak oder Bellyboat aus mit der Sinkschnur in Tiefen von 3 bis 10 Metern auf Dorsche fischen. Besonders etwas tiefere Rinnen, hinter vorgelagerten Sandbänken eignen sich für diese Fischerei. Man sollte die Streamer möglichst in Grundnähe anbieten und langsam führen. Weiche bewegliche Muster, wie große Wooly Buggers oder

Bellyboat-Dorsch

MEERFORELLEN, DORSCH UND ANDERE FISCHARTEN AN DER OSTSEEKÜSTE

Zonkerstreamer in schwarz-orange, braun oder komplett schwarz habe sich gut bewährt. Aber auch hier sind die Fangaussichten durch die massive Stellnetzfischerei extrem zurückgegangen.

„Steelheads":
Die „Ostseesteelhead" ist eigentlich eine aus Netzgehegen ausgebrochene oder ins Meer abgewanderte Regenbogenforelle. Diese *Steelheads* werden im Meer silberblank, wachsen sehr schnell zu großen, kompakten Fischen ab und sind ausgesprochen kampfstark sowie springfreudig. Sie ernähren sich etwas weniger räuberisch als die Meerforellen und bevorzugen Kleinkrebse und Schwebegarnelen. Sie haben dabei weniger Scheu, in extrem flachem Wasser auf Nahrungssuche zu gehen. Der Drill einer großen Steelhead, die schon lange Zeit frei in der Ostsee lebt, ist für jeden Küstenfliegenfischer ein unvergessliches Erlebnis. Manchmal bleiben diese Regenbogenforellen lange Zeit in größeren Trupps zusammen. Dort wo man einen Fisch fängt, besteht oft die Chance noch weitere Exemplare zu erwischen.

Diese Regenbogenforellen werden in der Ostsee auch silberblank und unterscheiden sich von den Meerforellen vor allem durch ihren runderen Kopf und den schwarzen Punkten auf allen Flossen. In der Laichzeit verfärben sie sich wieder regenbogenfarben.

Hornhechte:
Diese schlanken silbernen Räuber kann man ebenfalls von Mai bis September an

Typische, silberblanke Steelhead

Ostseesteelhead im Laichkleid

der Küste antreffen. Am ehesten allerdings ab Mitte Mai (wenn der Raps blüht!), wenn sie sich überall in Ufernähe zum Laichen sammeln. Man trifft dann große Trupps im flachen Wasser über Blasentangfeldern, Aalgras und Muschelbänken. Bei ruhigem Wasser und Sonnenschein machen sie sich oft durch das Aufblitzen ihrer Flanken oder Unruhe an der Wasseroberfläche bemerkbar. Ab und an sieht man auch vereinzelte Exemplare springen. Hornhechte sind schnelle, aggressive Raubfische, die auch große, schnell geführte Streamer vehement attackieren. Allerdings haken diese Streamer in dem knochigen schnabelartigen Maul nur sehr schlecht. Manche Fliegenfischer versehen deshalb ihre Stremer zum Hornhechtfischen mit einem kleinen Einzelhaken oder Drilling an einem kurzen Stück Monofil hinter dem eigentlichen Streamer. Dadurch werden die Hornhechte aber meistens außen gehakt und manchmal stark verletzt. Alles in allem eine in meinen Augen sehr unwaidmännische Methode.

Wesentlich „sauberer" und auch sehr effizient ist es, statt schnell geführter Streamer, kleine glitzernde Tangläufer oder Flohkrebsmuster zu verwenden. Diese Fliegen führt man sehr langsam. Sie werden von den Hornhechten nicht vehement mit dem Schnabel attackiert, sondern ruhig ins Maul genommen. Dort können sie wesentlich besser haken als in dem knochigen Schnabel. Man spürt beim langsamen Einstrippen plötzlich einen stärkeren Zug und strippt am besten einfach weiter, bis der Fisch eindeutig hängt. Dann erst nimmt man die Rute hoch. Die Haken sollten auch bei dieser Methode so scharf wie irgendwie möglich sein. Eine widerhakenlose Fliege kann deutlich einfacher in das harte Maul eindringen und fischt wesentlich erfolgreicher als eine Fliege mit Widerhaken.

Makrelen:

Seit einigen Jahren tauchen im Sommer wieder verstärkt Makrelenschwärme an der Ostseeküste auf. Die Minithune jagen hinter Herings- und Hornhechtbrut und kleinen Sandaalen her. An manchen ruhigen Tagen sieht man, wie die Kleinfische von ihnen an die Oberfläche gedrückt werden und panisch aus dem Wasser springen. Oft wird diese Jagd auch noch durch sturztauchende Möwenschwärme ergänzt.

Jagende Makrelen findet man sowohl im Freiwasser, wo man ihnen nur vom Motorboot oder Sit-on-Top aus nach nachstellen kann, als auch an manchen Stellen in un-

An leichter Rute ist der Hornhecht ein kurzweiliges Fliegenfischen.

mittelbarer Ufernähe. Vor allem Hafenbecken und Kaianlagen beherbergen große Fischbrutschwärme und werden deshalb regelmäßig von den Makrelen heimgesucht. Oft jagen die Fische nur eine kurze Zeit und sind genau so plötzlich wieder weg, wie sie erschienen sind. Kleine Polarfiber Minnows, Closer Minnows oder andere Kleinfischimitationen funktionieren dann sehr gut. Im Fressrausch stürzen sich die Makrelen zwar häufig auf alles, was glitzert und sich bewegt, aber wenn sie regelmäßig beangelt werden, werden sie auch deutlich selektiver, verfolgen die Streamer gerne nur oder nehmen sie sehr „spitz". Kleine natürlich wirkende Muster und abwechslungsreiche Führung bringen dann noch den gewünschten Erfolg. Die Verwendung einer Sinkschnur, an der man den Streamer zunächst absinken lässt und dann zügig in Richtung Oberfläche führt, ist ebenfalls eine erfolgreiche Methode.

Makrelen sind extrem kampstarke und schnelle Fische. An der Fliegenrute stehen sie einer mittelgroßen Meerforelle in nichts nach und auch kulinarisch sind sie ein echtes Highlight.

Abschließend noch einige Worte zum passenden Gerät für das Streamerfischen an der Ostseeküste: Die Rute soll in der Lage sein, unsere Streamer ohne viel Umstände und Kraftaufwand auch bei Wind möglichst weit zu präsentieren. Je nach Streamer-

Makrelen – kampfstarke Gesellen an der Fliegenrute.

größe reicht dazu eine stramme sechser Rute oder es sollte zu einer Klasse 8 gegriffen werden. Am verbreitetesten sind dem entsprechend Ruten der Klasse 7. Für ein Kraft sparendes Werfen sollten die Ruten nicht zu lang sein. 9'6" sind die Obergrenze; 9' die meist verwendete Länge. Es gibt inzwischen auch schon eine Reihe von hervorragenden Küstenruten in 8' Länge, mit denen man mit wenig Kraft sehr weit werfen kann. Als Schnüre kommen sowohl Schwimmschnüre als auch sehr langsam sinkende Intermediateschnüre zum Einsatz. Im flachen Wasser funktioniert oft nur eine Schwimmschnur, an tieferen Stellen und bei Wellengang präsentiert eine Intermediateschnur die Fliege besser. Das Vorfach sollte auch beim Meerforellenfischen so lang sein, wie man es problemlos werfen kann. 12 bis 15 Fuss sind optimal. Als Tippet verwende ich hochwertiges Fluorcarbon in 0,23 bis 0,28 Milimeter Durchmesser. Eine Auswahl meiner bevorzugten Küstenfliegen zeigt das folgende Bild.

Küstenfliegen

WOLFSBARSCHE AN DER DEUTSCHEN NORDSEEKÜSTE

Wolfsbarsche sind erst seit wenigen Jahren an der heimischen Nordseeküste in unseren Fokus geraten. In der nördlichen Ostsee (genauer gesagt dem Skagerak / Kattegat) tauchen sie ebenfalls vereinzelt auf, lassen sich dort aber nicht gezielt befischen. Entsprechend neu ist auch das Streamerfischen auf Wolfsbarsch in Deutschland. Ähnlich wie die Meeräschen tauchen die Wolfsbarsche im Sommer an unseren Küsten auf und verschwinden wieder mit sinkenden Wassertemperaturen.

Das Streamerfischen auf Wolfsbarsch wurde vor etwa 20 Jahren an der holländischen Nordseeküste sowie Irland und Großbritannien populär. Einige lokale Spots, wie die Brücke nach Zeeland oder der Pier am Hoek van Holland bei Rotterdam waren bald in aller Munde. Besonders das Bellyboatfischen an der Innenseite eines Wellenbrechers des Rotterdamer Hafens sorgte in der Fliegenfischerszene für Aufsehen. Allmählich entwickelten sich auch an der deutschen Küste einige bekannte Spots. Von den Ostfriesischen Inseln Borkum, Juist und Norderney wurden verstärkt Fänge gemeldet, und auch auf Sylt werden jeden Sommer Wolfsbarsche gefangen.

Die Wolfsbarsche sind immer da in Ufernähe, wo Futterfischschwärme sind. Dabei halten sie sich auch gerne im Bereich von künstlichen Wasserbauwerken, wie Hafenpiers und Hafenausfahrten, Wellenbrechern, Buhnenköpfen und Schiffsanlegern auf. Auch natürliche Strandabschnitte mit

Sylt – für Wolfsbarschangler eine Reise wert.
(Foto © Ronald Benck)

tiefem Wasser dicht unter Land und Landspitzen mit Gezeitenströmung sind bevorzugte Stellen.

Wolfsbarsche jagen gerne Kleinfische, wie Sandaale und Heringe, aber auch Garnelen und Würmer stehen auf ihrer Speisekarte. Häufig kann man die Wolfsbarsche an der Oberfläche jagen sehen und beobachten, wie Kleinfische in wilder Panik aus dem Wasser springen.

Für das Streamerfischen an der Küste kommen, je nach Wassertiefe eine Intermediate- oder eine schnell sinkende Schnur zum Einsatz – bei ruhigem Wasser auch mal eine Schwimmschnur. Üblicherweise wird mit Einhandruten der Klassen 8 bis 10 gefischt. Die Vorfächer sollten 12 bis 16 lbs. Tragkraft haben.

Als Streamer werden häufig typische amerikanische Salzwassermuster, wie Clouser Minnow, Deceiver oder Surf Candies verwendet. Auch Garnelenfliegen, wie die Pattegrisen funktionieren sehr gut. Bei ruhigem Wasser kann das Fischen mit Poppern und Gurglern sehr erfolgreich und spannend sein. Wolfsbarsche haben keine Angst vor großen Streamern. 10 bis 15 Zentimeter Länge sind durchaus passend. Größer ist allerdings auch nicht notwendig und erschwert das Werfen.

Obwohl der Wolfsbarsch sehr räuberisch lebt, nimmt er manchmal die Fliege sehr vorsichtig. Auch hier sollte man den Streamer verführerisch und abwechslungsreich führen. Manchmal löst ein schnelles Einstrippen den Biss aus, manchmal ein fast

Zwei schöne Sylter Wolfsbarsche
(Foto © Ronald Benck)

lebloses Taumeln in der Gezeitenströmung. Der Wolfsbarsch ist im Drill ein sehr starker Gegner. An Stellen mit Unterwasserhindernissen, wie Wellenbrecher oder andere Steinschüttungen, sollte man den Drill forcieren und den Fisch auf keinen Fall in das Hindernis schwimmen lassen. An offenen Strandabschnitten, kann man den Fisch Schnur nehmen lassen. Die sichersten Arten einen Wolfsbarsch zu landen, sind entweder ihn zu stranden oder ihn an der Unterlippe zu greifen.

Der Wind kann an der Nordseeküste ein großes Problem für jeden Streamerfischer sein. Starker Westwind und der damit verbundene Wellengang machen das Fischen oft unmöglich. Selten gibt es bei einer solchen Windlage Ausweichmöglichkeiten.

Man sollte deshalb bei kurzfristigen Touren immer zuvor die Windvorhersage beobachten, um nicht umsonst los zu fahren.

Einige SOT- und Seekajakfahrer fischen ebenfalls an der Nordseeküste auf Wolfsbarsch. Bei ruhigem Wetter ist das sehr effektiv. Man kann weit genug vom Strand entfernt in etwas tieferem Wasser fischen und sehr bequem lange Strecken zurücklegen. Aber auch hier sollte man äußerst sorgfältig den Wind, die Strömung und die Brandung im Blick haben. Die Nordsee ist ein ausgesprochen gefährliches Revier.

Wolfsbarsche kommen natürlich nicht nur an der heimischen Nordseeküste vor. Sie sind sowohl im Nordatlantik, um die Britischen Inseln herum, in Südnorwegen, als auch im Mittelmeer vertreten.

Typische Wolfsbarschstreamer

STREAMERFISCHEN IN DEN NORWEGISCHEN FJORDEN

Die Fjorde Norwegens sind schon seit jeher ein El Dorado für Meeresfischer. Aber nicht nur mit schwerem Pilkgerät, sondern auch mit der Fliegenrute und Streamern kann man dort eine hervorragende Fischerei erleben. Nirgends in Europa habe ich eine größere Vielfalt von Fischen beim Streamern gefangen. Dorsche, Pollaks, Köhler, Makrelen, Hornhechte, Meerforellen, Wolfsbarsche, Lachse und für ganz Hartgesottene auch Heilbutts tummeln sich in den Fjorden und können mit Streamern überlistet werden.

Je nach Gegebenheiten kann man vom Land, vom Boot oder vom Bellyboat aus fischen.

Die Landangelstellen sind etwas eingeschränkt. Oft hat man Probleme, überhaupt eine Stelle zu finden, an der man das Auto parken kann und zu Fuß das Wasser erreicht. Viele Zufahrtswege sind privat und viele Straßen führen hoch über dem Wasser am Fjord entlang. Hat man dann das Wasser dennoch erreicht, gibt es nur wenige Stellen mit ausreichend Rückraum zum Werfen. Eine gute Landkarte kann die Suche sehr erleichtern.

Bootsstege und Hafenmolen ermöglichen meistens ein problemloses Werfen. Sie können durchaus auch gute Angelstellen sein. Besonders kleinere Köhler und Pollaks lieben solche künstlichen Bauwerke. Flache, weit ins Meer hinausragende Felsrücken, wie man sie in den Schärengegenden vorfindet, sind ebenfalls gute Angelstellen mit ausreichendem Rückraum. In den etwas seichteren Schärenregionen findet man bevorzugt, je nach Jahreszeit Meerforellen, Wolfsbarsche, Makrelen und manchmal auch Lachse. Pollaks, Köhler

Vielfältige Beute aus einem norwegischen Fjord.

Tristan mit Pollak – Auch von Land aus kann man gute Fische fangen!

und Dorsche bevorzugen eher steil abfallende tiefe Fjorde.

Tangwälder unter Wasser, große Steine und Kleinfischschwärme sind immer gute Indikatoren für große Raubfische. In der Regel kommt auch bei der Fischerei vom Ufer aus eine Sinkschnur zum Einsatz.

In vielen Fjorden befinden sich im Sommer gewaltige Schwärme von knapp fingerlangen Heringen, an denen sich alle Arten von Raubfischen satt fressen. Die Fische sind dann recht selektiv und sprechen häufig nur noch auf Streamer an, die diese Futterfische in Größe und Form imitieren. Fingerlange Polar Minnows oder kleine Deceiver eignen sich perfekt dafür. Wir haben in solchen Situationen häufig erlebt, wie Spinn- und Pilkangler leer ausgingen, während wir mit Streamern Fisch um Fisch fingen.

Die Fischerei vom Boot aus erschließt natürlich wesentlich mehr Stellen. Allerdings ist das Freiwasser auch in den Fjorden meistens nicht die beste Region zum Fliegenfischen. Abfallende Felswände, Untiefen, kleine Inselchen, Geröllhalden, die sich unter Wasser fortsetzen und schmale Buchten beherbergen oft große Fische in relativ geringer Wassertiefe. Besonders Pollaks halten sich dort auf. Sie sind starke Kämpfer und kommen auch im seichten Wasser in erstaunlicher Größe vor. Unsere größten mit dem Streamer gefangenen Exemplare waren über 90 Zentimeter lang und bis zu 8 Kilo schwer.

An Stellen mit Gezeitenströmung trifft man häufig auf Köhler. Auch sie halten sich gerne in geringeren Tiefen auf und stürzen sich gierig auf die angebotenen Streamer. Sie kämpfen teilweise noch verbissener als die Pollaks und werden oft auch noch etwas schwerer.

Besonders die großen Gezeitenströme in Nordnorwegen beherbergen häufig sehr viele und große Fische. Oft werden in der har-

Die passenden Imitationen der Futterfischchen.

Kampfstarker Pollak vom Bellyboat.

ten Strömung Futterfische und Shrimps an die Oberfläche gedrückt. Die großen Köhler, aber auch Dorsche und sogar Heilbutt, lassen dann nicht lange auf sich warten. Wirklich große Hechtstreamer, an einer schnell sinkenden Schnur angeboten (lange absinken lassen und dann schnell einstrippen) sind dann oft tödlich und ermöglichen es auch einigermaßen, gezielt auf die großen Fische zu fischen und von dem dann massenhaft vorkommenden Köhlernachwuchs verschont zu bleiben.

Im Sommer befinden sich in vielen Fjorden Makrelen. Häufig kann man sie direkt unter der Wasseroberfläche jagen sehen. Selbst diese, als gierig und wenig wählerisch verschrienen Fische verhalten sich schon einmal selektiv und sind dann fast nur mit den oben genannten Streamermustern zu fangen. Sie sind sehr schnell und bieten einen tollen Drill an der Fliegenrute.

In den Fjorden Südnorwegens, die kaum Tidenhub und deshalb normalerweise auch keine Gezeitenströmung haben, kann man

oft auch vom Bellyboat aus Fischen. Zum Streamerfischen ist das genial. Im Gegensatz zum treibenden Boot, kann man mit dem Bellyboat extrem nah an irgendwelche abfallenden Felswände oder Klippen heranfahren. Man hat Schwimmflossen an den Füßen, mit denen man sich immer im richtigen Abstand halten kann und hat die Hände frei zum Fischen. Für mich ist das die perfekte Art, diese südnorwegischen Fjorde mit dem Streamer zu befischen.

Die richtige Allround-Streamerrute für die Fjordfischerei sollte Schnurklasse 8 bis 9 haben und recht robust sein. Für die Fischerei vom Ufer aus sind eine Intermediateschnur und eine Teeny T300 perfekt. Ist mit wirklich kapitalen Köhlern, Dorschen oder mit Heilbutt zu rechnen, empfiehlt sich sogar eine 10er oder 12er Rute. Die hat auch den Vorteil, dass man dafür eher extrem schnell sinkende Schnüre bekommt und auch wirklich große Streamer etwas leichter werfen kann. Vom Boot oder vom

Bellyboat ist eine vollsinkende Schnur mit eine möglichst hohen Sinkgeschwindigkeit perfekt. Als Vorfach dient ein durchgehendes ca. 1 Meter langes Stück Fluorcarbon, nicht unter 0,30 Millimeter.

Noch fast unerkundet ist das Streamerfischen auf Heilbutt. In den letzten Jahren haben Spinnangler regelmäßig Heilbutt in relativ flachem Wasser gefangen. Als Köder dienten meistens Gummifische, die nicht größer sind als typische Hechtstreamer. Ich habe deshalb bei meinem letzten Trip nach Nordnorwegen gezielt flache Plateaus mit einem großen Streamer abgefischt und war nach wenigen Stunden bereits erfolgreich. Ein ca. 80 cm großer Heilbutt hatte den schnell eingestrippten Streamer im Mittelwasser genommen und sofort mit schnellen harten Kopfschlägen reagiert. Der Drill war hart, an der 10er Glasrute aber nicht wirklich dramatisch. Es ist allerdings sehr wichtig, im Drill maximalen Druck auf den Fisch auszuüben, um ihn an die Oberfläche zu bekommen.

Der Streamerfischer freut sich über eine der kampfstarken Makrelen.

SALZWASSERFISCHEN AUF STRIPED BASS UND BLUEFISH

Die gesamte Ostküste der USA bietet hervorragende Möglichkeiten zum Streamerfischen. Besonders populär ist das Fischen auf Striped Bass (Striper) und Bluefish. Besonders der Küstenabschnitt zwischen New York und Boston ist für seine Striper- und Bluefishvorkommen berühmt. Die wohl bekanntesten Stellen sind Cape Cod und die Insel Martha's Vineyard.

Die Saison beginnt üblicherweise im Mai mit großen Bluefish, die in Ufernähe kommen. Sie jagen meist in Trupps und treiben ganze Schwärme von Kleinfischen an die Oberfläche oder an den Strand. Die Attacken kommen ganz plötzlich, sind ausgesprochen heftig und oft genauso schnell vorbei, wie sie begonnen haben. Der Begriff „bluefish blitz" beschreibt das Phänomen sehr bildhaft. Wer so einen „bluefish blitz" erlebt und es schafft, seinen Streamer in oder besser vor dieses wilde Getümmel zu werfen, braucht normalerweise nicht lange auf einen harten Anbiss zu warten. Bluefish sind starke Kämpfer, die nicht schnell aufgeben. Ihre Zähne sind zwar klein aber extrem scharf. Sie erinnern an ein Messer mit Wellenschliff. Man verliert deshalb oft Fische, wenn man auf ein Stahlvorfach verzichtet. Andererseits sind sie aber auch sehr vorfachscheu. Eine gute Lösung ist ein kurzes Stück Titandraht (Knot2Kinky) von etwa 10 Zentimetern vor dem Streamer. Auch wenn man keine Fische jagen sieht, hat man Chancen sie zu fangen. Besonders wenn Kleinfischschwärme in der Nähe sind, kann man immer mit Bluefish rechnen. Man verwendet dann entweder Intermediateschnüre und typische Salzwasserfliegen, wie Deceiver, Surf Candies sowie Polar Minnows oder man fischt mit einer Schwimmschnur und Gurglern oder Slider.

Striper, Bluefish & Co. sind in den Ostküstenorten allgegenwärtig. Hier ein Balkongeländer auf Martha's Vineyard.

Ein Bluefish.

Futterfische im Flachwasserbereich locken vor allem bei Nacht Bluefish und Striper an die Küste.

Striper dieser Größe in stockdunkler Nacht sind ein unvergessliches Erlebnis.

Im Lauf des Sommers kommen auch verstärkt Striper an die Küste. Sie verhalten sich ähnlich wie die Bluefish und fallen ebenfalls oft in großen Trupps über Schwärme von Kleinfischen her. Große Striper sind meist Einzelgänger. Ein großer Striper hat ein gewaltiges Maul und kann einen ausgewachsenen Aal ohne Probleme einsaugen und schlucken. Dennoch jagen sie auch gerne die in Massen vorkommenden Kleinfische, wie Bay Anchovies oder Silversides. Striper kommen gerne mit einbrechender Dunkelheit in Küstennähe. Das Fischen erinnert dann sehr stark an die nächtliche Sommerfischerei auf Meerforellen an der Ostsee. Die Streamer sind etwas größer – 10 bis 15 Zentimeter lange, schwarze Semper Flies oder an der Oberfläche furchende Sandaalimitationen waren bei meinen Besuchen die erfolgreichsten Muster. Die Technik und das nächtliche Strandangelfeeling sind vergleichbar. Bis zu dem Moment, in dem ein großer Striper die Fliege nimmt. Die Bisse sind extrem hart, gefolgt von einer nicht zu bremsenden Flucht ohne Schrecksekunde. Fast jeder große Striper zieht in der ersten Flucht etliche Meter Backing von der Rolle. Ein Fisch, der mir leider kurz darauf im Drill ausstieg, hatte mir in einer einzigen Flucht ungefähr 100 Meter Backing von der Rolle gezogen, bevor ich ihn mit aller Gewalt stoppen konnte.

Die größte Aktivität bei der Nachtfischerei erlebt man meisten in der Zeit zwischen Sonnenuntergang und wirklich dunkler Nacht. Auch die Morgendämmerung ist eine sehr gute Zeit.

Allgemein gelten September und Oktober als die besten Monate für das Streamerfischen auf Striper und Bluefish an der Küste. Aber in den letzten Jahren war die Fischerei in diesen Monaten oft sehr wechselhaft. Es gab Phasen mit reichlich sichtbaren *Feeding Frenzies* tagsüber an den Stränden und Phasen an denen am Tag kein Fisch im Wasser zu sein schien. Wer einen Angelurlaub an der Ostküste der USA plant, muss auch einplanen, dass die Fischerei am Tag nicht immer klappt. Die Nachtfischerei kann dann aber einiges wett machen.

Salzwasserfischen an der Ostküste der USA ist wesentlich preisgünstiger und weniger aufwändig und als viele zunächst glauben. Letztendlich braucht man nur einen Flug nach New York oder Boston, einen Mietwagen und eine Ferienwohnung in der Nähe einiger wirklich guten Striper- und Bluefishspots. Das Fischen an der Küste ist frei und mit einigen Informationen aus Büchern und von den lokalen Tackle Dealern kann man im Prinzip auf eigene Faust losziehen. Dennoch ist es beim ersten Mal Salzwasserfischen meistens besser, sich zumindest am Anfang einen Guide zu nehmen. Ein Urlaub dauert nicht ewig. Und wer nicht genau weiß, wo und wie er fischen soll, hat schnell eine Menge Chancen vertan.

Das Streamerfischen vom Boot mit einem Guide führt meistens zu deutlich mehr Fischkontakten und größeren Fischen als vom Land aus. Die Guides kennen die Standplätze sehr genau und wissen, wo sie mit ihren Gästen hin fahren müssen.

Vom Boot aus erschließen sich auch eine Anzahl weiterer Fischarten, wie zum Beispiel Bonitos und False Albacore. Gerade diese beiden kleinen Thunfischarten trifft man im offenen Wasser recht häufig an. Ihre *Feeding Frenzies* an der Oberfläche erkennt man oft schon von Weitem an den jagenden Seevögeln und der brodelnden Wasseroberfläche. Bonitos und False Albacore sind pfeilschnelle ausdauernde Schwimmer, die an der Fliegenrute lange rasante Fluchten liefern. Eine Zehner Rute und eine Rolle mit 200 Meter Backing sind nicht übertrieben.

Typischen Striper- und Bluefishfliegen.

So eine geguidete Bootstour hat allerdings auch ihren Preis. Ein guter Guide nimmt zwischen 600 und 800 Dollar für eine ganztägige Tour.

Für die Fischerei auf Striper und Bluefish werden Salzwasserruten der Klassen 8 bis 10 verwendet. Vom Ufer aus fischt man meistens mit Intermediate- oder Schwimmschnüren. Vom Boot aus kommen hauptsächlich Sinkschnüre, wie Teeny 300 oder 400 zum Einsatz. Die Vorfachspitzen sollten nicht unter 14 bis 16 lbs. Fluorcarbon sein.

STREAMERFISCHEN IM WARMEN SALZWASSER

Das Fischen in tropischem Salzwasser gehört für viele Streamerfischer zur absoluten Königsklasse. Fast alle Fische, die sich im tropischen Salzwasser einen Streamer greifen, sind extrem stark und unglaublich schnell. Auch die Vielfalt an Fischen ist enorm groß.

Ganz vorne auf der Beliebtheitsliste rangieren Bonefish und Tarpon. Auf den ersten Blick ein absolut ungleiches Paar. Ein durchschnittlicher Bonefish erscheint einem Laien eher als Köderfisch für einen Tarpon. Dennoch sind beide Fischarten extrem und fordern auch Gerät und Angler aufs äußerste.

Bonefish:
Der in Größe und Körperform an eine Barbe erinnernde Bonefish ist der schnellste Fisch im Flat. Hat man ihn gehakt, gehen in den nächsten wenigen Sekunden bis zu hundert Meter Schnur von der Rolle. Ihn zu stoppen ist unmöglich, ohne das Vorfach zu zerreißen. Doch bereits ihn zu finden und für die Fliege zu interessieren ist eine Herausforderung. Bonefish sind perfekt an ihre Umgebung angepasst. Obwohl sie sich häufig in nicht einmal knietiefem Wasser aufhalten, sind sie fast nicht sichtbar. Über Sandboden kann man sie an ihren Schatten erkennen, im Turtlegras nur noch, wenn sie „tailen" und beim Fressen die Schwanzflosse aus dem Wasser strecken. Man befischt Bonefish immer gezielt auf Sicht. Die

Streamer und Ruten warten auf ihren (harten) Einsatz.

Bonefish: Der Fischgröße ist die Kampfkraft nicht anzusehen.

Fliege wird vor dem Fisch abgelegt und in kurzen langsamen Strips von ihm weggeführt. Wenn der Bonefish sich für die Fliege interessiert, wird er sie verfolgen und vom Grund nehmen. Erst wenn man das Gewicht des Fisches deutlich spürt, soll man mit der Schnurhand einen Strip Strike setzen. Oft vergeht eine Schrecksekunde, bevor der Fisch seine Flucht beginnt. Dann geht alles sehr schnell. Sollte die Fliegenschnur irgendwo verheddert sein, führt das automatisch zum Vorfachbruch oder Schlimmeren.

Am Ende seiner Flucht ist der Bonefish erschöpft. Er folgt nun ohne viel Widerstand zurück zum Fischer. Oft erholt er sich aber wieder recht schnell und macht eine zweite, etwas kürzere Flucht.

Tarpon:
Der Tarpon gilt als König der Flats. Man findet ihn in flachen Lagunen an der Küste, in Strandnähe und auch im Mündungsbereich von Flüssen bis hinein ins Süßwasser. Für Viele ist er der ultimative Streamer-Fisch, unglaublich stark, sprunggewaltig und schnell. Und man kann ihn in den Flats an der Wasseroberfläche rollen sehen und auf Sicht anwerfen. Was passiert, wenn der Streamer in dem riesigen Tarponmaul verschwindet und der Haken in den harten Kiefern fasst, ist nur noch spektakulär. Die Schnur wird mit brachialer Gewalt aus der Hand gerissen und ein riesiger silberglänzender Fischleib katapultiert sich in einer wilden Flucht mehrfach hintereinander, meterhoch aus dem Wasser. Nach dieser

Bonefish-Drill

Tarpon im Sprung.

furiosen Flucht kämpft ein Tarpon noch lange zäh und ausdauernd, bevor er endlich gelandet werden kann.

Die Größe der Tarpons variiert, je nach Region sehr stark. In manchen Gegenden trifft man fast ausschließlich auf so genannte Baby Tarpons, Fische zwischen 2 und 10 Kilo Gewicht. Sie halten sich bevorzugt im Schutz der Mangroven auf.

Ausgewachsene Exemplare findet man eher in den tieferen Lagunen, im Freiwasser und in Flussmündungen. Bekannt für sehr große Fische sind die Florida Keys, die Küste von Westafrika und einige Flüsse in Nicaragua und Costa Rica.

Neben diesen beiden „Stars" gibt es noch eine Vielzahl von Fischarten, die man im tropischen Salzwasser auch beim Watfischen und vom Ufer mit dem Streamer fangen kann.

Stachelmakrelen, Jacks, Giant Trevallies: Ebenfalls legendäre Kämpfer mit bulligem Temperament sind alle Arten von Stachelmakrelen, auch *Jacks* genannt. Sie gelten als die „Gangster" der Flats und Korallenriffe. Wenn sie jagen stürzen sie sich brachial auf Streamer und Popper und reißen danach unaufhaltsam wie ein Bulldozer Meter um Meter Schnur von der Rolle. Nur mit massivem Druck kann man sie irgendwann stoppen und den Kampf mit ihnen aufnehmen. Sind sie nicht am jagen und ziehen nur umher, sind sie oft vollkommen uninteressiert und verweigern jeden Streamer. Stachelmakrelen kommen in allen wärmeren Meeren vor. Die größten Exemplare, Giant Trevally oder auch GT genannt findet man im Indischen Ocean, in der Südsee und in den tropischen Bereichen des Pazifiks. Besonders die Malediven und die äußeren Seychellen sind beliebte Reiseziele, um auf diese ultimativen Kämpfer zu fischen. In der Regel findet man die GTs an den Riffkanten und in den Flachwasserbereichen hinter den Riffen. Man kann diese ultimativen Kämpfer beim Watfischen auf Sicht anwerfen und die brachialen Attacken aus nächster Nähe erleben. Für Giant Trevallies

Giant Trevally
(Foto © Ronald Renck)

Jack

kommen Salzwasserruten der Klasse 12 und robusteste Rollen mit reichlich Backing zum Einsatz. Bei kaum einer anderen Fischart kommt es zu mehr Rutenbrüchen als bei diesen ungestümen Kämpfern. Kleinere Arten, bis zu 5 Kilogramm Gewicht, kann man auch mit einer Klasse 8 bis 9 befischen. Aber auch sie bieten einen für ihre Größe unglaublich harten Fight.

Barrakudas:
Auch Barrakudas kommen fast überall im tropischen Salzwasser vor. Sie reagieren vor allem auf extrem schnell geführte Streamer und Popper. Manchmal greifen sie sofort in einer blitzartigen Attacke an. Oft verfolgen sie den Streamer aber nur und häufig lassen sie sich durch den Streamer oder den gesichteten Angler auch vertreiben. Nehmen sie aber den Streamer, ist auch wieder ein furioser Drill mit wilden Sprüngen und schnellen Fluchten garantiert. Allerdings nur, wenn man vor dem Streamer ein Stahlvorfach oder besser noch, ein Stück Titandraht montiert hat. Die Zähne eines Barrakuda zerstören jedes Monofil im Nu. Bei starkem Befischungsdruck werden aber auch Barrakudas extrem vorsichtig und misstrauisch. Oft reicht dann bereits der Anblick eines Bootes aus weiter Entfernung, um einen Barrakuda zu vergrämen.

Snook:
Ein Fisch, den man auch entlang der Atlantikküste von Florida bis in die Karbik antrifft, ist der Snook. Snook sind als Fliegenfisch bei uns weit weniger bekannt als zum Beispiel Bonefish oder Tarpon. Dabei kann man sie fast überall antreffen. Sie patrouillieren im Flachwasser entlang den Stränden, stehen in den Mangroven und treiben sich unter Bootsstegen und an Brückenpfeilern herum. Auf ihrer Speisekarte stehen Shrimps und Kleinfische. Große Snook sind oft sehr vorsichtig und reagieren nur auf kleine langsam geführte natürlich aussehende Baitfishstreamer. Im Drill entwickeln sie dann aber eine ungeahnte

Stahlvorfach empfehlenswert – das Maul eines Barrakudas.

Keine startende U-Boot-Rakete, ein Barrakuda im Drill!

Kraft und versuchen häufig auf Biegen und Brechen in ein Hindernis zu schwimmen. Gerade wenn man sie unter Bootsstegen, an Brückenpfeilern odor in den Mangroven befischt, muss man sie deshalb in der ersten Drillphase kompromisslos aus dem Unterstand herausholen. Dafür sind sehr starke Haken, mindestens 30 lbs Fluorcarbonspitzen und maximaler Druck im Drill notwendig.

Ein besonderes Erlebnis ist die Nachtfischerei auf Snook im Schein von Lampen, die einen Bootssteg oder eine Brücke beleuchten. Oft sieht man dort große Trupps von Fischen unter der Oberfläche stehen, die seelenruhig ein paar kleine Shrimps einsammeln. Gezielte Würfe, vorsichtige Präsentation mit kleinen Streamern oder Shrimpfliegen und eine sehr langsame Führung sind dann notwendig, um die Fische zum Anbiss zu bewegen. Aber wenn man dann sieht, wie ein großer Snook sich im Licht der Lampen dem Streamer zuwendet und ihn einsaugt, ist das Spannung pur und der Anfang eines unvergesslichen Drills.

Je nach Region kann man noch mit zahllosen anderen faszinierenden Fischarten rechnen, die man mit dem Streamer fängt. Aber auch in den Tropen ist das Fischen nicht immer einfach. Das Finden der Fische in den Flats, das Erkennen richtigen Stellen, die richtige Streamerwahl, die perfekte Führung, das alles kann man nicht automatisch. Ein guter Guide, zumindest für die ersten Tage, ist fast immer die allerbeste Investition.

Geräteempfehlung für das tropische Salzwasser ist Klasse 6 bis 8 mit Schwimmschnur und eventuell Intermediateschnur für Bonefish, Klasse 8 für kleine Barrakudas und kleine Jacks und die ganzen mittleren Salzwasserfische, Klasse 10 für richtige Barrakudas, große Jacks und mittlere Tarpons, Klasse 12 für die großen Tarpons und Giant Trevallies.

Ein Schwarm große Snook in den Greenlights unter einem Bootssteg.

Eine Auswahl typischer Snookstreamer.

Foto oben: Bonefishfliegen

Foto unten: Salzwasserstreamer für Stachelmakrelen, Barrakuda, Snook und andere Salzwasserfische

STREAMERFISCHEN IM WARMEN SALZWASSER 127

Foto oben: Tarpon – ein unvergesslicher Moment für jeden Streamerfischer

Foto unten: Tarponfliegen

Einundzwanzig
Bindeanleitungen

WHISKY FLY

Die Whisky Fly ist ein klassischer Bucktailstreamer zum Forellenfischen. Hairwings in dieser Bindeweise waren lange Zeit die meist verwendeten Streamer. Die schlanke Silhouette und das dezente Aufblitzen imitieren sehr gut ein kleines Beutefischchen. Die Whisky Fly mit ihrer kräftigen, orangen Färbung ist eigentlich ein typisches Frühjahrsmuster, fängt aber auch später im Jahr, wenn die Forellen Brutfische jagen. In Seen, in denen kleine Goldorfen vorkommen, ist sie perfekt.

Die Whisky Fly steht hier stellvertretend für viele weitere klassische Haarflügelstreamer, wie zum Beispiel Mickey Finn, Black Ghost, Squirrel-and-orange Fry etc.

Sie alle werden auf eine vergleichbare Art und Weise gebunden und haben ähnliche Proportionen. Sie unterscheiden sich hauptsächlich in der Farbgebung und in der Auswahl der jeweiligen Materialien.

Diese schlanken, unbeschwerten Streamer sind inzwischen etwas aus der Mode gekommen und wurden weitgehend durch voluminösere und kopfschwere Muster, wie den Wooly Bugger ersetzt. Sie sind aber nach wie vor sehr effiziente und einfach zu bindende Fischbrut-Imitationen.

Materialliste:

Haken	Standard-Streamerhaken 3x lang # 04 bis 08
Bindefaden	UNI 6/0 feuerorange
Rippung	Sparkle Braid fire orange
Körper	Mylartinsel silber, large
Schwinge	Bucktail orange
Kehlhechel	Hahn orange

1. Haken einspannen, eine Grundwicklung machen, dann einen Strang Sparkle Braid so auf der Hakenoberseite einbinden, dass das lose Ende nach hinten zeigt und das eingebundene Ende bis kurz hinter das Öhr auf dem Haken aufliegt. Dadurch entsteht ein gleichmäßiger Unterkörper ohne Absatz.

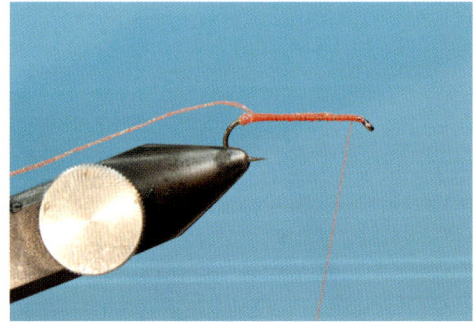

2. Am Ende des Körpers zwei bis drei enge Wicklungen mit dem Sparkle Braid machen, mit dem Bindefaden abfangen und den Bindefaden zum Öhr führen.

WHISKY FLY

3. Am Öhr einen Streifen Mylartinsel einbinden.

6. Den Körper mit dem Sparkle Braid rippen und das Material ebenfall hinter dem Öhr festlegen und abschneiden.

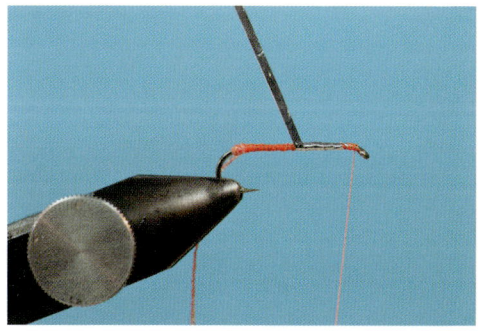

4. Das Mylartinsel zunächst nach hinten bis an das Butt-Ende aus Sparkle Braid heran winden.

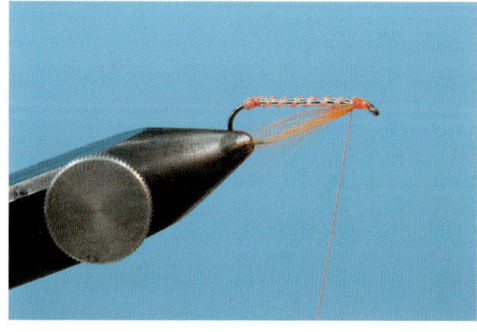

7. Ein Büschel Hechelfibern unter dem Haken als Kehlhechel einbinden. Die Fibern sollen bis in den Hakenbogen reichen.

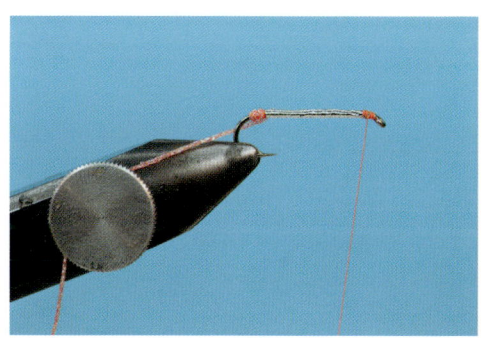

5. Dann das Tinsel wieder von hinten nach vorne winden und hinter dem Öhr festlegen und abschneiden.

8. Ein Büschel Bucktail so zurecht zupfen, dass eine luftige, gleichmäßig verjüngte Schwinge entsteht und hinter dem Öhr einbinden. Die Schwinge soll etwa 1/4 bis 1/3 länger sein als der Körper und aus nicht zu vielen Haaren bestehen. Ein schönes gleichmäßiges Köpfchen formen und lackieren.

Foto oben: Eine tiefe Rinne der fränkischen Wiesent. (Foto © Michael Zeman)

Foto unten: Diese Regenbognerin aus der Wiesent konnte dem Wooly Bugger nicht widerstehen. (Foto © Michael Zeman)

WOOLY BUGGER

(Binder: Tristan Münz)

„Der beste Streamer der Welt", so wurde der Wooly Bugger einmal von einem deutschen Fliegenfischermagazin bezeichnet. Kaum ein anderer Streamer bewegt sich so verführerisch, ist so universell einsetzbar oder hat mehr Fische und Fischarten gefangen. Es gibt unzählige Varianten des Wooly Buggers: Mit Kopfperle, mit Bleibeschwerung, unbeschwert, mit Dubbingkörper oder mit einem Körper aus Chenille oder Krystal Chenille und in allen erdenklichen Farbvarianten.

Die hier dargestellte Bindeweise, mit Tungstenperle und Dubbingkörper, ist unser Favorit. Die Tungstenperle sorgt für ein lebhaftes „Jigging", und das ausgebürstete Spektradubbing ergibt ein diffuses, leicht glitzerndes Erscheinungsbild. Die Liste der Fischarten, die wir bereits mit Wooly Buggers gefangen haben, ist schier endlos und reicht von Plötzen und Karpfen über fast sämtliche Salmonidenarten bis hin zu großen Räubern wie Hecht, Striper und Bluefish.

Materialliste:

Haken	Mustad Saltwater Allround # 02 bis 08 oder ähnlicher Streamerhaken
Beschwerung	Tungstenperle 3,5 bis 5 mm
Bindefaden	Veevus 6/0 schwarz
Schwänzchen	Marabou schwarz und etwas Crimple Flash UV pearl
Hechel	Softhechel schwarz
Körper	UV Ice Dubbing peacock
Rippung	UNI Ovaltinsel silber #M

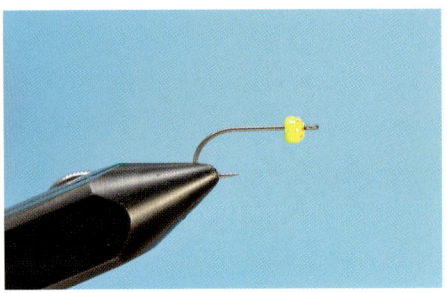

1. Tungstenperle auf den Haken schieben und den Haken in den Bindestock einspannen.

4. Eine Softhechel mit der Spitze einbinden. Die Hechelfibern sollen etwa doppelt so lang sein, wie die Öffnung des Hakenbogens.

2. Eine Grundwicklung machen und am hinteren Ende des Hakenschenkels eine kleine Dubbingkugel anspinnen. Die Kugel dient dazu, das nachfolgende Schwänzchen etwas zu stützen, damit es sich beim Werfen nicht so leicht um den Hakenbogen wickelt.

5. Das Tinsel einbinden.

3. Eine schwarze Maraboufeder als Schwänzchen einbinden. Das Schwänzchen soll ungefähr so lang sein wie der Haken. Darüber einige Streifen Crinkle Flash v-förmig einbinden.

6. Dubbing um den Faden spinnen und so um den Haken winden, dass ein nicht zu schlanker Körper entsteht.

WOOLY BUGGER

135

7. Die Hechel in fünf bis sechs Wicklungen gleichmäßig über den Körper winden. Direkt hinter der Tungstenperle festlegen und abschneiden.

9. Den Faden dünn mit Dubbing bespinnen und zwischen Hechel und Kopf winden.

8. Die Fliege mit dem Tinsel rippen. Dazu das Tinsel entgegen der Einbinderichtung der Hechel um den Körper winden, damit die Hechel bei jeder Windung überkreuzt und somit gesichert wird. Vor der Hechel gründlich festlegen und sichern.

10. Das überstehende Flash auf die Länge des Schwänzchens einkürzen und die Fliege gründlich ausbürsten, so dass eine etwas diffuse Silhouette entsteht. Der Wooly Bugger ist nun bereit zum Einsatz!

POLAR MAGNUS

Die Polar Magnus ist ein echter Klassiker an der Ostseeküste. Keine Fliege wird häufiger bei der Winterfischerei eingesetzt und fängt mehr Fische.

Bei der Polar Magnus kann man den Reiz dosieren: für kaltes und trübes Wasser bindet man sie mit einem pinkfarbenen Körper, für die Übergangszeit mit einem transparenten oder grauen Körper. Oft sieht man auch Muster mit einer pink- oder magentafarbenen Mallard-Brustfeder als Kopfhechel. Bei diesen Federn neigen aber die einzelnen Fibern dazu, sich miteinander zu verkleben. Eine weiche Sattelhechel erzeugt einen wesentlich subtileren Effekt.

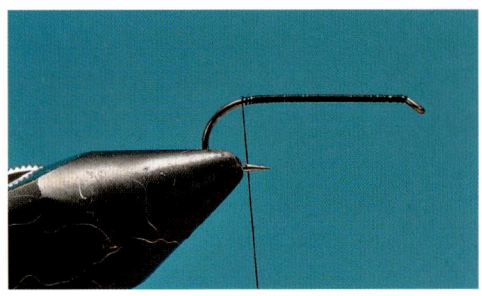

1. Haken einspannen und eine Grundwicklung machen.

2. Eine Grizzly Maraboufeder als Schwänzchen einbinden. Das Schwänzchen soll ungefähr so lang sein wie der Haken. Darüber zwei Streifen Krystal Flash v-förmig einbinden.

3. Ein etwa 20 Zentimeter langes Stück Monofil, eine Softhechel und ein Stück Krystal Chenille einbinden.

Materialliste:

Haken	Partridge CS11 # 04 bis 10
Bindefaden	Veevus 6/0 schwarz
Schwänzchen	Grizzly Marabou und zwei Streifen Krystal Flash pearl
Rippung	Monofil ca. 0,18 mm
Körperhechel	Softhechel Grizzly
Körper	Krystal Chenille 4 mm, pink oder transparent
Kopfhechel	weiche Hahnensattelhechel, pink
Augen	Kugelkettenaugen small oder medium

POLAR MAGNUS

4. Die Krystal Chenille in engen Windungen um den Hakenschenkel wickeln. Vor dem Öhr 3 bis 4 Millimeter frei lassen.

7. Eine Sattelhechel vor dem Körper einbinden und zwei bis drei Mal um den Haken winden. Die Hechelfibern sollen so lang sein, dass die Spitzen bis in den Hakenbogen reichen.

5. Die Hechel in fünf bis sechs Wicklungen gleichmäßig über den Körper winden. Direkt davor festlegen und abschneiden.

8. Die Kugelkettenaugen direkt vor der Hechel mit Kreuzwicklungen einbinden. Um ein Verdrehen der Augen zu vermeiden, bereits nach dem Fixieren etwas Lack auftragen und die weiteren Wicklungen in den nassen Lack machen. Danach den Kopf abermals lackieren.

6. Das Monofil gegen die Drehrichtung der Hechel winden. Keine Hechelfibern platt drücken und nicht drunter binden. Die Rippung dient dazu, die Fliege widerstandsfähiger zu machen.

10. Die Polar Magnus ist nun bereit zum Einsatz!

OSTRICH BUGGER

Der Ostrich Bugger ist eine Variante des Wooly Buggers, die besonders während und kurz vor der Wurmhochzeit an der Ostseeküste sehr gut fängt. Er hat ein lebhaftes, schlängelndes Spiel im Wasser und imitiert hervorragend einen Seeringelwurm. Natürlich kann man den Ostrich Bugger auch in anderen Farbvarianten binden. Er kann auch in Binnengewässern erfolgreich eingesetzt werden. Besonders in Stillwassern und langsam fließenden Flüssen hat er sich aufgrund der beweglichen Straußenhechel als die fängigere Alternative zum klassischen Wooly Bugger erwiesen.

Materialliste:

Haken	Partridge CS11 # 04 bis 08
Bindefaden	Veevus 6/0 schwarz
Schwänzchen	Mini Straußenfeder-Fibern altrosa und zwei Fäden Krystal Flash orange
Hechel	Mini Straußenfeder altrosa in einer Dubbingschlaufe
Körper	Spektra Dubbing rostbraun
Augen	Kugelkettenaugen small oder medium

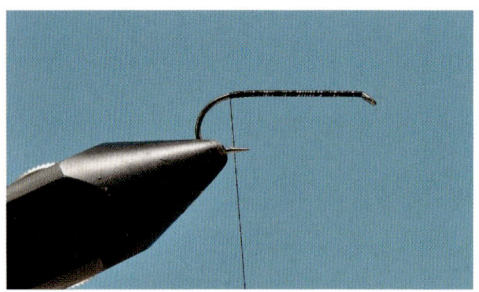

1. Haken einspannen und eine Grundwicklung machen.

4. Körper gleichmäßig dubben. Dazu das Dubbing direkt auf den Bindefaden spinnen, nicht die Dubbingschlaufe verwenden. Vor dem Öhr 3 bis 4 Millimeter frei lassen.

2. Eine kleine Dubbingkugel am Ende des Hakenschenkels anspinnen. Darüber ein Büschel Straußenfibern als Schwänzchen einbinden. Das Schwänzchen soll ungefähr so lang sein wie der Haken. Darüber zwei Streifen Krystal Flash v-förmig einbinden.

5. Einen Dubbingtwister in die Schlaufe hängen, dann die Mini-Straußenfeder in die Dubbingschlaufe legen und so ausrichten, dass die Länge der herausstehenden Hechelspitzen etwa doppelt so lange ist, wie die Öffnung des Hakenbogens.

3. Eine etwa 10 Zentimeter lange Fadenschlaufe (Dubbingschlaufe) vor dem Schwänzchen anbringen.

6. Die Feder auf der anderen Seite nahe am Faden entlang abschneiden.

OSTRICH BURGER

7. Die Fibern mit dem Dubbintwister verdrallen und wie eine Palmerhechel um den Körper winden.

10. Die fertige Fliege gründlich ausbürsten, so dass sich das Dubbing mit der Hechel vermischt und eine diffuse Silhouette entsteht.

8. Ein Paar Kugelkettenaugen vor dem Körper und der Hechel mit Achterwicklungen einbinden.

11. Der fertige Ostrich Bugger.

9. Den Kopf dünn dubben, danach die Fliege abschließen.

SEMPER FLY

Die Semper Fly ist ein Streamermuster für die Fischerei auf Striper und Bluefish von *Bob Popovic*, einem der bekanntesten amerikanischen Salzwasser-Fliegenbinder. Es ist recht einfach zu binden, der Schwanz wickelt sich fast nie um den Hakenbogen, und die Silhouette ähnelt perfekt einem kleinen Fischchen.

Die Semper Fly kann man natürlich in allen gewünschten Farben binden. Für die Fischerei auf Striper und Bluefish haben sich bei uns die Farben weiß und hellgrau (bei Tag und in der Dämmerung) und schwarz (für die Nachtfischerei) am besten bewährt. In unseren heimischen Gewässern eignet sich die Semper Fly hervorragend als Streamer für Rapfen, Zander und Hechte. An der Ostseeküste funktioniert sie auch ausgezeichnet auf Meerforellen und Dorsche.

Materialliste:

Haken	Mustad Saltwater Allround oder ähnlich # 2/0 bis 02
Bindefaden	Veevus 6/0 weiß
Schwanz	Bucktail weiss, weisse Sattelhecheln, Flashabou pearl
Hechel	Schlappenfedern weiß
Körper	Spectradubbing pearl

1. Haken einspannen, eine Grundwicklung machen und am Ende des Hakenschenkels ein Büschel Bucktail einbinden. Das Büschel soll etwa doppelt so lang sein wie der Haken.

4. Die letzte Feder liegt flach oben auf dem Haken.

2. Einige Streifen Flashabou hinzufügen.

5. Eine weiche Schlappenfeder einbinden.

3. Um das Bucktailbüschel herum ca. fünf Sattelfedern einbinden, so dass die Federspitzen nach innen zeigen und das Bucktail umhüllen.

6. Etwa die Hälfte des Körpers dubben.

SEMPER FLY

7. Die Schlappenfeder über das Dubbing winden und abfangen.

10. Die zweite Feder über den Rest des Körpers winden und die Fliege abschließen.

8. Eine zweite, etwas breitere Schlappenfeder einbinden.

11. Die Fliege gründlich ausbürsten, so dass sich das Dubbing mit den Hecheln vermischt und die Fliege eine diffuse Silhouette bekommt.

9. Den Rest des Körpers dubben.

12. Die fertige Semper Fly.

WIGGLE BUGGER

Ein sehr bewegliches Muster, bei dem das Problem des „Eintailens" auf geniale Weise gelöst ist.

In braun funktioniert der Wiggle Bugger als hervorragende Borstenwurm-Imitation zum Meerforellenfischen an der Küste. Grundsätzlich kann diese Bindeweise aber auch für jedes andere Wooly Bugger Muster verwendet werden. Der hintere Haken sollte jedoch immer abgekniffen werden; nicht nur aus Fairnessgründen, sondern auch, weil sich sonst das Hinterteil sehr leicht am Vorderteil oder am Vorfach einhakt.

Materialliste:

Haken	A. Jensen Danish Seatrout #8 plus „Opferhaken" (ein dünndrähtiger Salzwasserhaken mit geradem Öhr)
Bindefaden	Veevus 6/0 schwarz
Schwanz	Polarfuchs braun, Krystal Flash orange
Hechel	Softhackle grizzly brown
Verbindungsschlaufe	Monofil ca. 0,40 mm
Körper	SLF Saltwater rootbeer und Spektradubbing pearl gemischt.

1. Als erstes den „Opferhaken" einspannen, eine kurze Grundwicklung von etwa einem Zentimeter machen und am Ende der Grundwicklung einen Schwanz aus Polarfuchs einbinden.

4. Den Körper gleichmäßig dubben.

2. Zwei Streifen Krystalflash v-förmig darüber einbinden.

5. Die Softhechel mit drei bis vier Wicklungen nach vorne bringen und einen Kopfknoten machen.

3. Eine Softhechel mit der Spitze am hinteren Ende festlegen.

6. Auf den eigentlichen Haken eine Tungstenperle fädeln und den Haken einspannen.

WIGGLE BUGGER

7. Nach der Grundwicklung das fertig gestellte hintere Ende des Wiggle Buggers mit einer Monofilschlaufe auf dem Haken einbinden. Die Schlaufe soll solang sein, dass das hintere Ende zwar frei schwingen kann, aber nicht so weit herumschlägt, dass es sich im Hakenbogen verfängt.

10. Die Softhechel gleichmäßig nach vorne winden und mit einem Kopfknoten abschließen.

8. Eine Softhechel am hinteren Hakenende einbinden.

11. Den hinteren Haken direkt hinter dem Körper abkneifen.

9. Auch auf dem vorderen Haken einen gleichmäßigen Dubbingkörper bilden.

12. Der fertige Wiggle Bugger.

ISOLDE

„Isolde" ist die Weiterentwicklung des Wiggle Buggers, ein Muster des Kieler Fliegenbinders *Tristan Münz*, was auch den Namen erklärt ...

Dieser relativ große flashige Streamer hat sich in kurzer Zeit als ein zu fast allen Tages- und Jahreszeiten extrem fängiges Meerforellenmuster erwiesen. Die hier vorgestellte Variante mit Baitfish Head ist mein persönlicher Favorit.

Braun hat sich als universellste Farbe zum Meerforellenfischen an der Küste herausgestellt. Auch Dorsche nehmen diese Fliege sehr gerne. Für die Nachtfischerei eignet sich auch ein schwarzes Muster.

Isolde ist ein recht neues Streamermuster. Ihr Potential beschränkt sich nicht allein auf die Fischerei an der Ostseeküste. Man kann sie überall erfolgreich einsetzen, wo auch große Wooly Buggers verwendet werden.

Materialliste:

Haken	A. Jensen Danish Seatrout #8 plus „Opferhaken" (ein dünndrähtiger Salzwasserhaken mit geradem Öhr)
Bindefaden	Veevus 6/0 schwarz, UNI 6/0 feuerorange
Schwanz	Polarfuchs braun, Twist Flash Hair uv violett
Hechel	Softhackle grizzly brown, UV-Polarchenille braun
Verbindungsschlaufe	Monofil ca.0,40 mm
Körper	SLF Saltwater rootbeer
Kopf	Baitfish Head pink pearl, small

1. Als erstes den „Opferhaken" einspannen, eine kurze Grundwicklung von etwa einem Zentimeter machen und am Ende der Grundwicklung einen Schwanz aus Polarfuchs einbinden.

2. Zwei Streifen Twist Flash Hair v-förmig darüber einbinden.

3. Ein Strang Polarchenille am hinteren Ende einbinden.

6. Nach der Grundwicklung das fertig gestellte hintere Ende des Streamers mit einer Monofilschlaufe auf dem Haken einbinden. Die Schlaufe soll solang sein, dass das hintere Ende zwar frei schwingen kann, aber nicht so weit herumschlägt, dass es sich im Hakenbogen verfängt.

4. Die Polarchenille nach vorne winden und dabei die Fibern immer nach hinten streichen. Mit einem Kopfknoten abschließen. Den Knoten mit Lack sichern.

7. Bei einer Softhechel, wie abgebildet auf der „Innenseite" alle Fibern abstreifen und die verbliebene halbe Hechel am hinteren Hakenende einbinden.

5. Den Haken direkt hinter dem Polarfuchsschwanz mit einem Seitenschneider abkneifen.

8. Einen Strang Polarchenille ebenfalls am hinteren Ende einbinden.

ISOLDE

9. Den Körper gleichmäßig dubben.

12. Die Kopfwicklung und die Innenseite des Baitfish Head gründlich mit Sekundenkleber bestreichen.

10. Hechel und Polarchenille gemeinsam in eine Hechelklemme klemmen.

13. Den Baitfish Head über das Öhr schieben und die Verklebung trocknen lassen.

11. Beides gleichmäßig nach vorne winden und mit einem Kopfknoten abschließen. Zum Öhr hin 3 bis 4 Millimeter Platz lassen.

14. Zur Sicherung des Kopfes vor dem Baitfish Head noch ein paar Wicklungen mit Bindefaden in feuerorange machen und gründlich lackieren.

ZIGARRE

Eine der bekanntesten Nachtfliegen für die Sommerfischerei an der Ostseeküste auf Meerforellen. Das an der Oberfläche furchende Muster sorgt immer wieder für spektakuläre Attacken.
Die Zigarre wird vor allem in ruhigen Sommernächten gefischt. Durch die V-Welle, die sie über die Wasseroberfläche zieht ist sie sowohl von den Fischen als auch vom Fischer sehr gut zu erkennen. Oft sieht man eine Bugwelle auf die Fliege zuschießen bevor der Biss erfolgt. Dann auf jeden Fall abwarten bis man den Fisch deutlich an der Rute spürt, und nicht zu früh anschlagen!

Materialliste:

Haken	Mustad C52SBLN oder Partridge CS11 # 02 bis 06
Bindefaden	UNI 6/0 schwarz
Schwänzchen	Polarfuchs schwarz mit ein paar Fäden Twist Flash Hair uv violett
Körper	Winterrehhaar schwarz

1. Ein Büschel Polarfuchshaare als Schwänzchen einbinden.

2. Darüber ein paar Fäden Twist Flash Hair UV violett einbinden.

ZIGARRE

3. Ein Büschel Rehhaar auf die Einbindestelle legen und mit drei lockeren Windungen fixieren.

6. Nachdem alle Rehhaare eingebunden sind, die Fliege mit einem Kopfknoten abschließen. Nun mit einer scharfen, am besten leicht gebogenen Schere die typische Zigarrenform aus dem Rehhaarkörper herausschneiden.

4. Das lange Ende auf etwa 1 Zentimeter kürzen, dann die Windungen stramm ziehen. Durch das stramm ziehen verteilen sich die Haare gleich-mäßig um den Hakenschenkel und spreizen sich ab.

7. Die einsatzbereite Zigarre.

5. Die nächste Portion direkt vor den bereits eingebundenen Haaren fixieren und ebenso verfahren wie zuvor. Auf diese Weise Schritt für Schritt den gesamten Hakenschenkel mit Rehhaaren bedecken.

CLOUSER MINNOW

Der Clouser Minnow ist der wohl am meisten benutzte Salzwasserstreamer aller Zeiten. Er ist einfach zu binden, hat einen verführerisch jiggenden Lauf und eine sehr universelle Fischchensilhouette.

Der Clouser Minnow kann natürlich in allen gewünschten Farbkombinationen gebunden werden. Je nach Größe kann er für die verschiedensten Fischarten, von der Makrele bis zum Barrakuda, benutzt werden. Auch im Süßwasser hat er sich bei den verschiedensten Raubfischen sehr gut bewährt. Durch seine nach oben stehende Hakenspitze eignet er sich sehr gut für ein grundnahes Fischen, ohne leicht hängen zu bleiben.

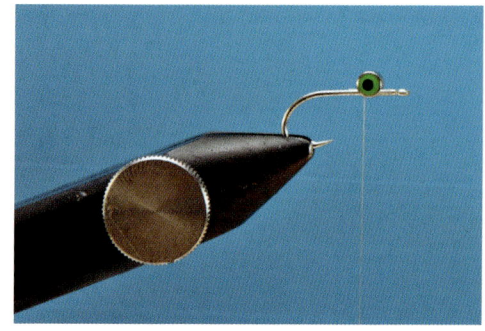

Materialliste:

Haken	Mustad C70 SD oder Saltwater Allround # 2/0 bis 06
Bindefaden	Veevus 6/0 weiß
Augen	Messing Doppelaugen oder Kugelkettenaugen
Schwänzchen / Körper	Bucktail weiß
Schwinge	Bucktail chartreuse und oliv, Twist Flash Hair UV pearl, Krystal Flash oliv

1. Haken einspannen, eine Grundwicklung machen und ein Messingdoppelauge mit einigen festen Kreuzwicklungen einbinden. Vor dem Auge sollte noch genügend Platz sein, um eine Schwinge einzubinden und einen relativ großen Kopf zu formen.

2. Ein Büschel Bucktail wie abgebildet auf der Hakenoberseite einbinden. Dabei das Bucktail über die Augen legen und sowohl davor als auch dahinter einbinden. Hinter den Augen eine dichte Fadenwicklung über das Bucktail legen.

5. Abermals einige Fibern Twist Flash Hair einbinden.

3. Den Haken umgekehrt in den Bindestock spannen und einige Fibern Twist Flash Hair einbinden.

6. Ein Büschel Bucktail oliv einbinden. Diese Schwinge sollte etwas kürzer sein als die vorherige Schwinge.

4. Ein Büschel Bucktail chartreuse einbinden.

7. Zum Abschluss etwas Krystal Flash über dem oliven Bucktail einbinden.

Foto © Daniel Luther

DECEIVER

Der legendäre Bucktailstreamer von *Lefty Kreh* ist nach wie vor eine der besten Kleinfischimitationen und Salzwasserfliegen.

In großen Größen hat er sich in unseren Breiten als ausgezeichneter, leicht zu werfender Hechtstreamer bewährt, in kleineren Größen eignet er sich für Barsche und Zander, Meerforelle, Wolfsbarsche, und Rapfen. Den Deceiver kann man in jeder gewünschten Farbkombination binden, sowohl in Schockfarben als auch in natürlichen Farben.

Materialliste:

Haken	Saltwater Allround # 2/0 bis 06
Bindefaden	Veevus 6/0 weiß
Schwänzchen	4 Sattelhecheln weiß, je 2 Paare Rücken an Rücken, Flashabou pearl
Körper	Pearl Core Braid weiß, Polarchenille orange
Schwinge	Bucktail weiß und grau, Flashabou pearl
Augen	Holographic Eyes gold
Kopf	Epoxy

1. Haken einspannen, eine Grundwicklung machen, dann je 2 Sattelhecheln übereinander legen und die beiden Pärchen „Rücken an Rücken" auf dem Hakenschenkel einbinden.

4. Einen Strang Pearl Core Braid einbinden.

2. Die Sattelhecheln sollen nach dem Einbinden v-förmig auseinanderstehen.

5. Das Pearl Core Braid über etwas mehr als den halben Körper winden, sichern und den Rest abschneiden.

3. Einige Streifen Flashabou über den Sattelhecheln einbinden.

6. Einen Strang Polarchenille einbinden.

7. Die Polarchenille drei bis vier Mal um den Hakenschenkel winden, sichern und den Rest abschneiden.

10. Auf beiden Seiten ein Auge aufkleben.

8. Ein Büschel weißes Bucktail einbinden und gleichmäßig um den Hakenschenkel verteilen. Etwas Flashabou auf der Hakenoberseite einbinden.

11. Den Kopf gleichmäßig mit Epoxy überziehen und am besten auf einer rotierenden Scheibe aushärten lassen.

9. Ein Büschel graues Bucktail auf der Hakenoberseite einbinden, ein kleines Köpfchen formen und mit einen Kopfknoten abschließen.

WIGGLE DECEIVER

Das „Wiggle-Tail-Prinzip" auf Großstreamer zu übertragen, ermöglicht das Binden von wirklich langen beweglichen Mustern, ohne dass sich Schwanz oder Schwingen um den Haken verheddern. Der Wiggle Deceiver ist mein bevorzugter, *wirklich großer* Hechtstreamer.

Man kann das Wiggletail-Prinzip natürlich auch auf andere Großstreamermuster übertragen oder alternative Bindematerialien, wie zum Beispiel SF Blend oder Big Fly Curly Fiber verwenden.

Der Effekt ist immer, dass man das sonst sehr nervige „Eintailen" deutlich reduziert. Den hinteren Haken stehen zu lassen wäre kontraproduktiv, da sich dann die Fliege wieder viel leichter verheddert. Große Raubfische nehmen den Wiggle Deceiver normalerweise tief genug, damit der vordere Haken fassen kann.

Materialliste:

Haken	Partridge CS 45 # 4/0 plus „Opferhaken" (ein dünndrähtiger Streamerhaken mit geradem Öhr)
Bindefaden	Veevus 6/0 schwarz
Schwanz	Flashabou rainbow, 4 Sattelhecheln hellgrau
Schwingen	Bucktail weiß und chartreuse, Flashabou silver holo, Flashabou rainbow.
Körper	Estaz Chenille 15 mm fluo gelb
Verbindungs-schlaufe	Stahlvorfach 49 strands
Kehlfleck	Polarchenille fluo pink
Augen	3-d-Epoxyaugen 9 mm
Kopf	Epoxy oder UV Kleber

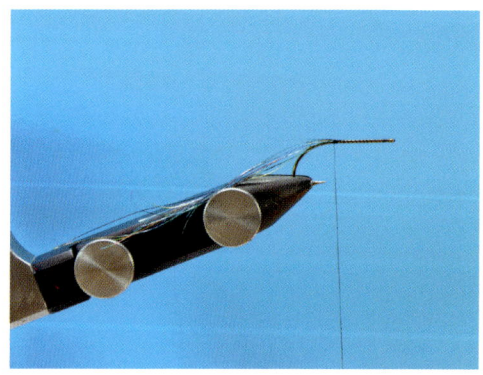

1. Als erstes den „Opferhaken" einspannen und am Ende der Grundwicklung ein Büschel Flashabou rainbow einbinden.

2. Vier Sattelhecheln v-förmig darüber einbinden.

WIGGLE DECEIVER

3. Ansicht von oben.

6. Einige Fibern Flashabou holo silver einbinden.

4. Überstehendes Material abschneiden und einen Strang Estaz Chenille einbinden.

7. Auf der oberen Hälfte des Hakens eine chartreuse Bucktailschwinge, auf der Unterseite eine weiße Bucktailschwinge einbinden. Die Beiden Schwingen sollen den Haken jeweils halbkreisförmig umschließen und im Bereich der „Seitenlinie" aneinander stoßen.

5. Die Chenille bis kurz hinter das Öhr winden. Genügend Platz für eine Schwinge lassen!

8. Den eigentlichen Haken einspannen und das Hinterteil mit einer Schlaufe aus Stahlvorfach darauf einbinden. Dabei darauf achten, dass die Schlaufe senkrecht steht, damit die Oberseite des Hinterteils auch weiterhin oben bleibt. Die Schlaufe soll genau so groß sein, dass sich das Hinterteil zwar frei bewegen kann, aber nicht so weit herum schwingt, dass es sich im Haken verfängt.

11. Eine weitere Schwinge, wie bereits zuvor, einbinden.12. Einen Strang Polarchenille vor der Schwinge fixieren.

9. Abermals eine chartreuse und eine weiße Bucktailschwinge und etwas Flashabou holo silver einbinden.

12. Einen Strang Polarchenille vor der Schwinge fixieren.

10. Die Hälfte des freien Hakenschenkels mit Estaz Chenille umwickeln.

13. Die Polarchenille als Kehlfleck drei bis vier Mal um den Haken winden. Hinter dem Öhr genügend Platz für eine letzte Schwinge lassen!

WIGGLE DECEIVER

14. Zunächst eine weiße Schwinge an der Unterseite und ein paar Fäden Flashabou rainbow an der Oberseite einbinden.

17. Die Augen und den Kopf vollständig mit Epoxy überziehen und an einem Drehrad trocknen lassen.

15. Nun die letzte Schwinge auf der Oberseite ergänzen.

18. Zum Schluss den hinteren Haken direkt am Körper abkneifen.

16. Auf beiden Seiten ein Epoxyauge mit Sekundenkleber ankleben.

19. Der fertige Wiggle Deceiver.

Hardy Benthin mit einem wunderbaren Streamer-Hecht.

HARDY'S HOLLOW PIKE FLY

Dieser Hechtstreamer von *Hardy Benthin* ist eine Variante der Hollow Semper Fly von *Bob Popovics*. Die Silhouette wirkt im trockenen Zustand etwas ungewöhnlich. Im Wasser bekommt der Streamer jedoch eine typische Fischchenform und „atmet" bei jedem Zug, wobei sich das eingebundene Flash verführerisch bewegt. Durch den sparsamen Materialeinsatz lässt sich der Streamer zudem noch sehr gut werfen.

Die Hollow Pike Fly kann natürlich in allen gewünschten Farben gebunden werden. Durch die einzigartige Elastizität des Bucktails pulsiert der Streamer unter Wasser extrem verführerisch. Er sollte immer unbeschwert gebunden und an einer floating- oder intermediate Schnur gefischt werden, damit er sich zwischen den Strips entspannen und etwas öffnen kann. Dieser schwebende und leicht pulsierende Lauf mit den dezent aufblitzenden Flashfibern macht die Hollow Pike Fly gerade für vorsichtige Hechte extrem gefährlich.

Materialliste:

Haken	Leichter Hechtstreamerhaken # 4/0
Bindefaden	Veevus 6/0 weiß
Schwänzchen	Bucktail weiß, 4 Sattelhecheln weiß, Flashabou pearl
Schwingen	Bucktail weiß und grau, Flashabou pearl
Augen	Jungle Cock oder Easy Streamer Eyes

1. Haken einspannen, am hinteren Ende eine Grundwicklung machen und ein Büschel Bucktail einbinden.

4. Die Sattelhecheln sollen nach dem Einbinden v-förmig auseinander stehen.

2. Um das Bucktail herum ein paar Fäden Flashabou einbinden.

5. Ein kleines Büschel Bucktail gleichmäßig mit den Haarspitzen zum Öhr zeigend um den Hakenschenkel verteilen und einbinden.

3. Links und rechts von dem Bucktailschwänzchen je eine Sattelhechel mit den Spitzen nach außen einbinden.

6. Die Einbindestelle mit lackieren.

HARDY'S HOLLOW PIKE FLY

7. Ein Röhrchen (zum Beispiel eine Kugelschreiberspitze) von vorne über das Hakenöhr schieben und damit die Haare gleichmäßig aufstellen.

10. Bei der letzten Schwinge auf der Oberseite graues Bucktail verwenden.

8. Einige Fäden Flashabou gleichmäßig um den Haken verteilen und ebenfalls einbinden. Ein paar Stützwicklungen mit dem Bindefaden vor dem Haarkranz und dem Flashabou machen, damit alles aufrecht stehen bleibt.

11. Links und rechts eine passende Jungle Cock Feder einbinden und die Fliege abschließen.

9. Das Ganze drei bis vier Mal wiederholen.

12. Ansicht von oben.

3-D-STREAMER

Der 3-d-Streamer ist eine hervorragende universelle Fischchenimitation. Je nach Größe eignet er sich für fast alle fischfressenden Räuber. Die hier vorgestellte Variante imitiert in Form und Farbgebung eine Sandgrundel.

Natürlich sind alle erdenklichen Farbvarianten möglich. Es haben sich sowohl schrille Reizfarben, wie orange, pink oder chartreuse bewährt, als auch natürliche Farben.

Für die Nachtfischerei auf Meerforellen ist ein komplett schwarzer 3-d-Streamer eines der allerbesten Muster.

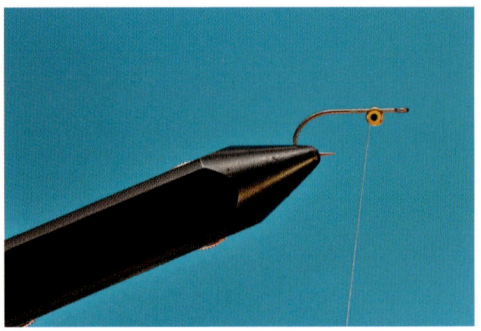

1. Haken einspannen, eine Grundwicklung machen, ein Paar Messing Doppelaugen 4 bis 5 Millimeter hinter dem Öhr und unter dem Hakenschenkel einbinden sowie mit Sekundenkleber sichern.

Materialliste:

Haken	Mustad Saltwater Allround # 02 bis 06
Bindefaden	6/0 tan
Augen	Messing Doppelaugen 4 bis 6 mm
Schwänzchen	Craft Fur tan und einige Fibern Spectradubbing pearl

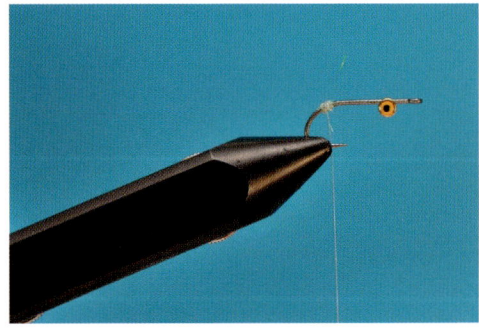

2. Am Ende des Hakenschenkels eine kleine Dubbingkugel anspinnen.

3. Ein Büschel Craft Fur als Schwänzchen einbinden. Das Schwänzchen soll etwa eineinhalb Mal so lang sein wie der Haken.

4. Ein paar Fibern Spektradubbing als Flash einbinden.

6. Das Gewebeband von dem Craft Fur mit der Schere abschneiden.

5. Von dem Craft Fur entlang dem Maschenmuster einen etwa 5 bis 7 Millimeter breiten Streifen abschneiden. Etwas Spektradubbing aus der Tüte ziehen. Dabei die Tütenöffnung mit den Fingern etwas zudrücken, damit sich die Dubbingfasern strecken und einigermaßen parallel ausrichten. Diese Fasern dann so auf den Craft Fur Streifen legen, dass sie in gleicher Richtung wie die Haare liegen. Einen Dubbingtwister in die Dubbingschlaufe hängen und den Craft-Fur-Streifen mit dem Dubbing in die Schlaufe klemmen.

7. Die Schlaufe verzwirnen. Danach die Haare gründlich ausbüsten, so dass sie nicht um den Centerfaden gewickelt sind, sondern gerade abstehen.

8. Den Strang gleichmäßig um den Hakenschenkel nach vorne winden.

9. Über die Augen mit Kreuzwicklungen gehen, so dass auch die Einbindestelle der Augen bedeckt ist. Den Strang direkt hinter dem Öhr abfangen, einen Kopfknoten machen und mit Lack sichern.

12. Seitlich hinter den Augen jeweils ein Haarbüschel auf 7 bis 10 Millimeter kürzen. Die Büschel sollen später die Brustflossen imitieren.

10. Zunächst seitlich am Kopf die Augen und die Kopfoberseite freischneiden.

13. Die Brustflossen mit einem Permanentmarker orange einfärben.

11. Dann in einem leichten Bogen (Bauch) alle Haare von der Unterseite abschneiden.

14. Den Rücken mit einem Permanentstift dunkel färben und nach den eigenen Vorstellungen gestalten. Hier zum Beispiel mit Querstreifen.

POLAR MINNOW

Der Polar Minnow ist die perfekte Imitation eines schlanken, spindelförmigen Futterfischchens wie kleine Heringe, Sardinen, Ukleis, Plötzen oder kleiner Salmoniden. Er bewegt sich lebhaft im Wasser und lässt sich auch in großen Ausführungen leicht werfen.

Der Polar Minnow kann praktisch für jeden fischfressenden Räuber verwendet werden, den man ansonsten mit Wobbler oder Gummifisch fängt. Es sind auch Varianten mit weniger oder mehr Schwingen in allen gewünschten Farbgebungen möglich. Das Material kann bei Bedarf mit Permanent Markern zusätzlich gemustert werden, zum Beispiel mit schwarzen „Barschstreifen".

Trotz des kurzen Hakens und der langen Schwinge kommt es selten zu Fehlbissen, wenn man hinter der Schwinge kein Flashmaterial herausstehen lässt sowie den großen Augen und den leuchtenden Kehlfleck bewusst im Hakenbereich als Beißpunkte einsetzt.

Materialliste:

Haken	Partridge F1 # 02 bis 10
Bindefaden	UNI Mono
Augen	Holo Eyes in passender Größe
Körper	Polar Fiber oder Craft Fur weiß, grau chartreuse und oliv, Holo Dubbing silber, Fine Hair Twist fluo rot

1. Haken einspannen, eine Grundwicklung machen und ein kleines Büschel Polarfiber einbinden. Darüber ein paar Fäden Holo Dubbing als Flash einbinden. Das Holo Dubbing soll nicht länger sein als die Schwinge.

2. Eine zweite, etwas längere Schwinge direkt vor der ersten Schwinge einbinden. Wieder etwas Holodubbing darüber.

3. Ein Büschel Fine Hair Twist vor der zweiten Schwinge als Kehlfleck einbinden und kurz abschneiden.

5. Die letzte Schwinge einbinden, einen Kopfknoten machen und auf beiden Seiten ein Auge aufkleben.

4. Die nächste Schwinge und wieder etwas Holodubbing vor dem Büschel Fine Hair Twist einbinden. Bei einem Polar Minnow sollen die mittleren Schwingen etwas länger sein als die außen liegenden Schwingen, um die typische Fischform zu erhalten.

6. Die komplette Fischchenform schräg nach oben vom Haken weg ausrichten und den Kopf gleichmäßig mit Epoxy überziehen. Am besten zum Trocknen auf eine rotierende Scheibe stecken. Durch das Hochstellen der Schwinge und den kurzschenkligen Haken vermeidet man ein Eintailen der Fliege.

USD HECHTSTREAMER

Ein Hechtstreamer für die Fischerei in verkrauteten und hindernisreichen Gewässern. Durch seine upside-down Bindeweise und die besondere Hakenform bleibt er an kaum einem Hindernis hängen. Er ist außerdem leicht zu binden und leicht zu werfen.

Auch hier ist man natürlich frei in der Farbwahl. Für kleinere Muster, zum Beispiel für Barsche kann man eine Schwinge aus Craft Fur oder Polar Fiber verwenden. Allerdings sollte man beachten, dass Streamer in dieser Bindeweise nicht nur schlecht an Hindernissen hängen bleiben, sie haken auch etwas schlechter in einem Fischmaul als ein konventioneller Haken.

Materialliste:

Haken	Patridge CS45 # 1/0
Bindefaden	UNI mono
Schwingenmaterial	Volume Fiber in weiß und ocean green, Flashabou Mirage sunburst, Elbi Pike Dubbing orange und Schwarz
Augen	3-d-Epoxyaugen 6 mm
Kopf	Solarez UV glue thick

1. Den Haken, wie auf der Abbildung, mit einer Zange im vorderen Drittel etwas umbiegen und mit der Spitze nach oben in den Bindestock spannen. Dann ein Büschel weißes Volume Fiber etwas zurecht zupfen und mittig auf dem Haken einbinden. Darauf noch 4 bis 5 Flashaboufibern mittig einbinden.

4. Auch diese Schwinge nach hinten umklappen, mit dem Bindefaden fixieren und wieder ein paar Flahaboufibern daüber einbinden.

2. Das nach vorne stehende Material nach hinten umklappen und mit dem Bindefaden fixieren.

5. Nun vorne auf der Unterseite des Hakens ein etwas kürzeres Büschel Elbi Pike Dubbing orange mittig einbinden.

3. Nun ein Büschel Volume Fiber in ocean green ebenso zurecht zupfen und vor der weißen Schwinge mittig einbinden.

6. Das Pikedubbing ebenfalls nach hinten umklappen und mit dem Bindefaden fixieren.

USD HECHTSTREAMER

7. Auf der Oberseite ein schlankeres und etwas längeres Büschel schwarzes Pike Dubbing ebenfalls mittig einbinden und auch wieder nach hinten klappen.

10. Den Kleber mit einer UV Lampe aushärten

8. Auf beiden Seiten je ein Epoxyauge auf den Kopf kleben.

9. Den Kopf gleichmäßig bis hinter die Augen mit Solarez UV Glue überziehen.

NASTY SHEEP

„Nasty Sheep" ist der passende Name für diesen aus Islandschafhaaren gebundenen Streamer, denn er hat schon unzählige große schlaue Hechtmutties heimtückisch getäuscht und kalt erwischt. Ein wirklich großer Streamer mit einer guten Silhouette, der sich aber dennoch leicht werfen lässt, selten eintailt und sich enorm verführerisch im Wasser bewegt. Das Nasty Sheep ist zweigliedrig, so dass sich der lange Schwanz hinter dem Haken befindet und sich so wesentlich seltener im Hakenbogen verfängt (eintailt). Allein wegen seiner Größe ist der Nasty Sheep natürlich ein typischer Hechtstreamer. Er hat sich aber auch beim Salzwasserfischen in den norwegischen Fjorden auf Köhler, Dorsche, Pollaks und sogar auf Heilbutt hervorragend bewährt. Bei der Farbwahl ist natürlich alles möglich, was gefällt.

Materialliste:

Haken	ein „Opferhaken" mit geradem Öhr und etwa 3 cm Schenkellänge und einen Partridge CS45 Pike Hook #1/0
Bindefaden	Veevus 6/0 schwarz
Schwinge	Icelandic Sheep schwarz, schwarzes Bucktail, Flashabou Mirage Blends purple, Saltwater Angel Hair dark ultra violett
Augen	3-d-Epoxyaugen 8 mm
Kopf	Solarez UV glue thick

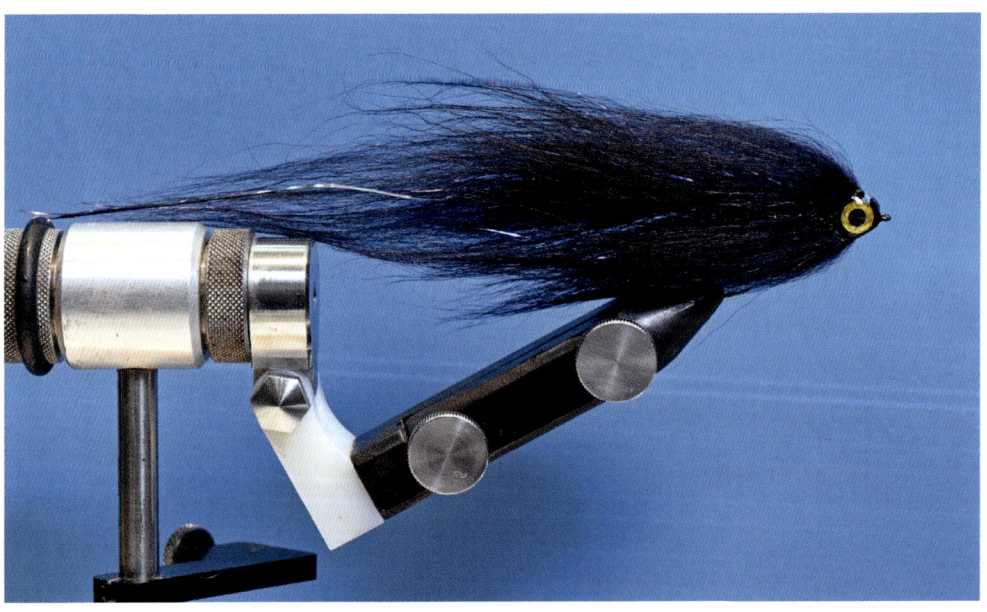

NASTY SHEEP

1. Den Opferhaken in den Bindestock einspannen, eine Grundwicklung machen und ein ca. 15 bis 20 cm langes Büschel Islandschafhaare einbinden.

4. Direkt hinter dem Hakenöhr ein Büschel Bucktail so einbinden, dass die Haare nach vorne zeigen. Beim Anziehen des Bindegarns sollen sich die Haare gleichmäßig um den Hakenschenkel verteilen.

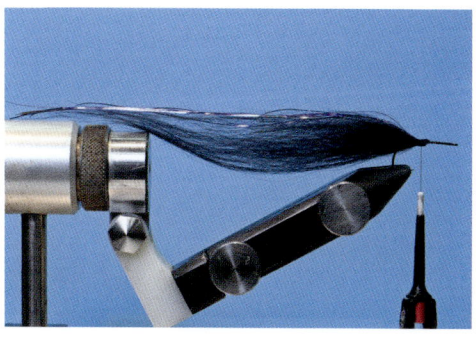

2. Darüber ca. 10 Fibern Flashabou mirage einbinden. Die Enden sollen 2 bis 3 cm länger sein als die Islandschafhaare.

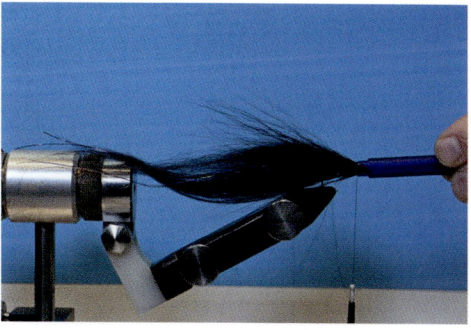

5. Das nach vorne stehend Bucktail mit einer Kugelschreiberhülle oder einem ähnlichen Röhrchen nach hinten klappen und mit der linken Hand festhalten.

3. Über das Flashabou noch ein Büschel Islandschafhaare einbinden.

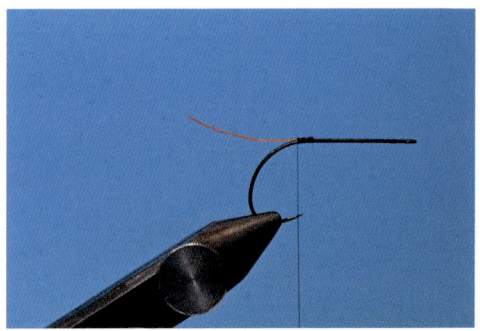

6. Das Bucktail mit einigen Fadenwicklungen so fixieren, dass es wie auf dem Bild nach hinten steht. Der heikle Punkt dabei ist, nicht zu weit und nicht zu wenig mit dem Faden über das Bucktail zu wickeln, damit es im richtigen Winkel nach hinten zeigt. Danach die Einbindestelle mit Sekundenkleber sichern.

8. Den eigentlichen Haken in den Bindestock spannen, eine Grundwicklung machen und am Ende ein kurzes Stück dickes Monofil einbinden. Ich verwende dazu gerne eine flache monofile Runningline, es geht aber auch mit rundem 50er Mono.

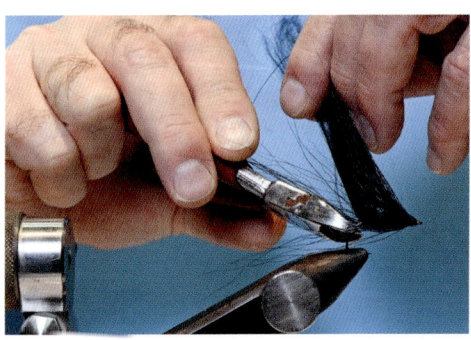

7. Den Haken hinter dem eingebundenen Schwanz abkneifen.

9. Das bereits fertig gestellte Hinterteil des Streamers auffädeln, das Mono nach vorne klappen, so dass eine kleine Schlaufe entsteht, und das Mono mit dem Bindefaden überwickeln. Am besten auch wieder mit Sekundenkleber sichern.

NASTY SHEEP

10. Wieder ein Büschel Bucktail, wie bereits beim Hinterteil, einbinden und nach hinten umklappen. Drüber gleichmäßig ein wenig Angel Hair gleichmäßig um den Hakenschenkel verteilt einbinden.

13. Die Schinge zurückklappen und fest einbinden. Dabei darauf achten, dass sich die Haare gleichmäßig um die untere Körperhälfte verteilen.

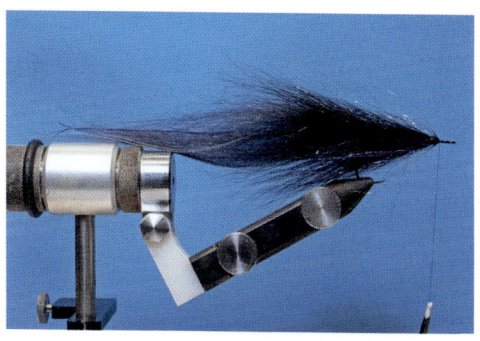

11. Diese Prozedur noch zwei weitere Male widerholen. Vor der letzten Schwinge sollte dann noch etwa 1 cm Abstand zum Öhr sein.

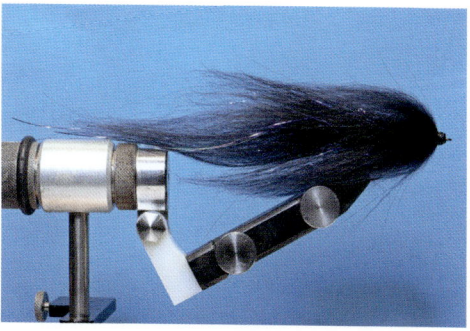

14. Auf gleiche Art und Weise an der Hakenoberseite ein Büschel Islandschafhaare einbinden, mit dem Faden einen gleichmäßigen Kopf formen, einen Kopfknoten machen und den Faden abschneiden.

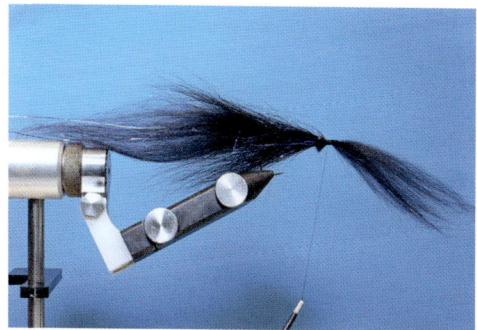

12. An der Hakenunterseite direkt hinter dem Öhr ein 10 bis 12 cm langes Büschel Islandschafhaare wie abgebildet einbinden

15. Auf beiden Seiten des Kopfes je ein Epoxyauge aufkleben und den Kopf gleichmäßig mit Solarez thick UV Glue überziehen. Dabei darauf achten, dass die Augen vollständig von dem UV Kleber bedeckt sind. Danach mit einer UV-Lampe aushärten.

EP BAITFISH

Ein Baitfishstreamer, der ursprünglich von Enrico Puglisi stammt. Das Besondere an diesem Streamer ist, dass er nach dem Binden aus dem Material, wie eine Skulptur aus einem Marmorblock, herausgearbeitet wird. Mit dieser Technik und dem passenden Bindematerial (EP Fiber, oder in diesem Fall Skulpting Flash Fiber) lassen sich relativ einfach sehr lebensechte Kleinfischimitationen herstellen.

Von kleinen Flussbarschen über Rapfen und Hecht bis hin zu riesigen Tarpons lassen sich fast alle Raubfischarten erfolgreich mit EP Streamern befischen. Natürlich muss man dazu die Streamer- und die Hakengröße immer entsprechend anpassen. Auch bei der Farbwahl gibt es natürlich unendlich viele Möglichkeiten.

Materialliste:

Haken	Pike Monkey Salt & Pike 4/0 oder ähnlich
Bindefaden	Veevus 6/0 weiß
Schwinge	Skulping Flash Fiber chartreuse und weiß
Augen	Dumbell Eyes 5,5 mm chartreuse

1. Den Haken in den Bindestock spannen, eine Grundwicklung machen und den ersten Strang Skulpting Flash Fiber wie abgebildet einbinden.

4. Wieder das nach vorne zeigende Ende nach hinten umlegen und mit dem Bindefaden fixieren.

2. Das nach vorne stehende Material nach hinten umklappen und mit dem Bindefaden fixieren.

5. Den nächsten weißen Strang in gleicher Art und Weise auf der Hakenunterseite einbinden, nach dem Einbinden das vordere Ende nach hinten klappen und mit dem Bindefaden fixieren

3. Einen chartreusen Strang Skulpting Flash Fiber ebenso direkt vor dem weißen Strang einbinden.

6. Die Prozedur mit einem chartreusen Strang auf der Hakenoberseite wiederholen.

7. Direkt davor ein Paar Dumbell Eyes auf der Hakenunterseite mit Kreuzwicklungen fest einbinden und danach die Einbindestelle am besten mit Sekundenkleber sichern, damit die Augen sich beim Fischen nicht verdrehen.

10. ... dann direkt hinter dem Öhr jeweils unten und oben noch einen Strang einbinden, einen Kopfknoten machen, den Faden abschneiden und den Kopf mit Lack sichern.

8. Vor den Augen, wie gehabt, mit den Strängen weitermachen. Erst unten mit weiß...

11. Den Streamer aus dem Bindestock herausnehmen, die Stränge an der Unterseite nach unten und an der Oberseite nach oben ausrichten und dann vom Schwanz her eine schlanke Fischchenform herausschneiden.

9. ... dann oben wieder chartreuse...

12. Der Streamer ist nun fertig.

POPPER

Popper sind Oberflächenköder, die beim Einstrippen deutlich Ploppgeräusche erzeugen. Sie ziehen viele oberflächenorientierte Räuber magisch an.

Die Bindeweise von Poppern kann sehr variiert werden. Diese Bindeanleitung ist nur ein typisches Beispiel. Aber das Prinzip bleibt immer mehr oder weniger gleich: Ein recht langes bewegliches Schwänzchen, ein paar Hecheln oder Haarschwingen als Übergang und ein voluminöser hoch schwimmender, meist vorne ausgehöhlter Popperkopf.

Farbe und Größe sind ebenfalls variabel, von streichholzlangen Minimodellen für Sonnenbarsche bis hin zu riesigen Sailfish-Poppern.

1. Haken einspannen, eine Grundwicklung machen und vier Sattelhecheln V-förmig als Schwanz einbinden.

2. Ein Büschel Krystal Flash einbinden, so dass es über und zwischen den Sattelhecheln liegt.

Materialliste:

Haken	Partridge CS 45 # 1/0 oder ähnlich
Bindefaden	Veevus 6/0 weiß
Schwanz	4 Sattelhecheln wild olive und orange, Krystal Flash orange
Körper	Sattelhecheln orange und wild olive, Polar Chenille UV pearl
Kopf	Soft Foam Popper kurz, orange # L
Augen	3-d Epoxy Eyes 6 mm

3. Eine olive Sattelhechel einbinden und fünf bis sechs Mal dicht um den Hakenschenkel winden.

4. Einen Strang Polar Chenille einbinden.

7. Das Hakenöhr durch die Bohrung im Popperkopf schieben und den Kopf ausrichten. Wenn alles passt, den Kopf noch einmal abnehmen, etwas Sekundenkleber auf den Haken auftragen und den Kopf endgültig aufschieben.

5. Die Polarchenille ebenfalls drei bis vier Mal um den Haken winden.

8. Links und rechts nach Bedarf noch zwei Epoxyaugen mit Sekundenkleber ankleben.

6. Eine orange Sattelhechel einbinden und auch fünf bis sechs Mal dicht um den Hakenschenkel winden. Zurückstreifen und mit den Faden an der Einbindestelle so überwickeln, dass der Hechelkranz etwas nach hinten zeigt. Der Abstand zwischen Hechel und Hakenöhr soll nun die richtige Größe für den Popperkopf haben.

SLIDER

Slider sind Oberflächenstreamer, die im Gegensatz zu Poppern keine lauten Ploppgeräusche machen, sondern lediglich auf dem Wasser furchen. Sie kommen bei oberflächenaktiven Räubern zum Einsatz, die von den vehementen Poppern eher abgeschreckt sind. Das vorliegende Muster ist für die nächtliche Sommerfischerei auf Meerforellen an der Küste konzipiert. Schwarze Slider sind hervorragende Nachtfliegen auf Meerforellen, sowohl an der Küste als auch im Fluss. Sie werden auch von großen Bachforellen bei Nacht heftig attackiert. Auch Barsche, Rapfen und Hechte und viele Salzwasserfische sprechen sehr gut auf verschiedene Slidermuster an.

1. Ein Büschel Bucktail als Schwänzchen einbinden. Das Bucktail soll die nachfolgenden Sattelhecheln stützen und vor dem Eintailen bewahren.

2. Seitlich um das Bucktailbüschel einige Sattelhecheln flach als Schwänzchen einbinden. Dabei darauf achten, dass die glänzende Vorderseite der Hecheln nach außen zeigt.

Materialliste:

Haken	Mustad C52SBLN # 02 bis 04
Bindofaden	Veevus 6/0 schwarz
Schwänzchen	Ein kleines Büschel schwarzes Bucktail, umhüllt von drei bis vier schwarzen Sattelhecheln
Körperhechel	Zwei weiche Sattelhechel oder Schlappenfedern schwarz
Kopf	Popperkopf schwarz, Soft Foam #S

SLIDER

3. Die Sattelhecheln rund um den Bucktailschwanz einbinden.

6. Eine zweite Hechel vor der ersten Hechel einbinden.

4. Eine weiche Sattelhechel oder eine Schlappenfeder mit der Spitze einbinden.

7. Die Zweite Hechel ebenfalls eng um den Hakenschenkel winden und zurückstreifen. Danach die Fliege mit einem Kopfknoten abschließen und die Grundwicklung vor der Behechelung mit Sekundenkleber bestreichen.

5. Die Hechel in engen Windungen um den Haken legen. Dabei bei jeder Windung die Hechelfibern zurückstreifen.

8. Den Popperkopf durch die Bohrung mit dem ausgehöhlten Ende zur Hechel hin auf den Haken schieben und ausrichten. Der Slider ist nun fertig zum Einsatz.

GURGLER

(Binder: Tristan Münz)

Der Gurgler ist eine Oberflächenfliege, die in den USA für die Striper- und Bluefish-Fischerei entwickelt wurde. Sie hat sich auch als eine hervorragende Sommernachtsfliege auf Küstenmeerforellen bewährt. Besonders in Nächten mit ruhigem Wasser wirkt das Furchen des Gurglers an der Wasseroberfläche geradezu magisch auf die Forellen. Oft zeigen sich die attackierenden Meerforellen schon in einigen Metern Abstand mit einer deutlichen Bugwelle.
Mit Gurglern verschiedener Größen und Farben kann man auch eine sehr spektakuläre Oberflächenfischerei auf Hechte, Barsche und Rapfen erleben.

1. Haken einspannen, eine Grundwicklung machen und am Ende des Hakenschenkels ein Büschel Polarfuchs als Schwanz einbinden. Der Schwanz soll etwa eineinhalb bis doppelt so lang sein wie der Haken.

2. Einige Streifen Twist Flash Hair hinzufügen.

Materialliste:

Haken	Partridge CS11 oder Mustad Saltwater Allround # 02 bis 08
Bindefaden	Veevus 6/0 schwarz
Schwänzchen	Polarfuchs schwarz, Twist Flash Hair UV violett
Rücken	Polycelonschaum 3 mm schwarz
Hechel	Chinesischer Hahn schwarz, langfibrig und weich
Körper	UV Ice Dubbing schwarz

3. Einen etwa 1 Zentimeter breiten Streifen Polycelon am einen Ende spitz zuschneiden und mit der Spitze über dem Schwanz einbinden.

4. Die Hechel an der gleichen Stelle mit der Spitze einbinden.

7. Den Polycelonstreifen nach vorne klappen, und hinter dem Öhr fest einbinden. Kopfknoten machen und mit Lack sichern. Vor der Einbindestelle ein Stück Schaum als Furchschaufel stehen lassen.

5. Einen dicken Körper aus Ice Dubbing bilden.

8. Die Fliege gründlich ausbürsten, damit sich die Dubbinggrannen und die Hechelfibern vermischen. Dadurch erhält die Fliege eine diffuse, leicht transparent wirkende Silhouette im Wasser.

6. Die Hechel in fünf bis sechs Wicklungen gleichmäßig über den Körper winden. Direkt davor festlegen und abschneiden. Die Fibern dürfen ruhig etwas überproportional lang sein.

OLLIS HECHTTUBE

Diese einfache aber sehr effiziente Tubenfliege wurde mir im Herbst 2009 in Finnland von *Olli Ojamo*, dem Mitinhaber der Firma EUMER gezeigt. Sie ist schnell zu binden, hat ein extrem verführerisches Spiel im Wasser und lässt sich gut werfen. Bei den Praxistests im Spätherbst letzten Jahres brachte sie nicht nur mehr, sondern auch deutlich größere Fische als die Spinnköder und Streamer unserer Mitangler.

Natürlich kann man Ollis Hechttube auch in anderen Farbkombinationen binden. Bei kaltem und trübem Wasser haben sich eher auffallende Farben, bei klarem, warmem Wasser eher natürliche Farben bewährt.

Materialliste:

Tube	EUMER Kunststofftube #L
Bindefaden	Dyneema oder Veevus 6/0 weiß
Schwanz und Körper	Finn Racoon Zonker weiß und orange, Flashabou pearl
Kopf	EUMER L-Tube Conehead fluo rot

BINDEANLEITUNGEN

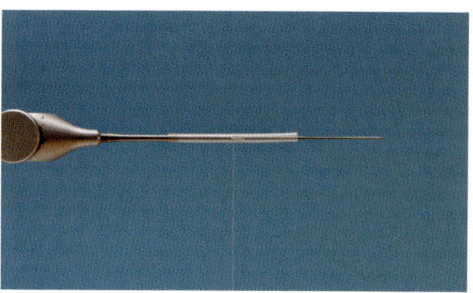

1. Eine fünf bis sieben Zentimeter lange Kunststofftube auf eine Tubennadel schieben oder in ein Tube Fly Tool einspannen und ungefähr in der Mitte eine kurze Grundwicklung machen.

4. Einige Streifen Flashabou auf der Oberseite der Fliege einbinden.

2. Bei einem etwa 15 Zentimeter langen Racoon Zonkerstreifen am hinteren Ende das Leder spitz zuschneiden und den Streifen ungefähr in der Mitte mit einigen strammen Fadenwicklungen über der Grundwicklung fest einbinden.

5. Einen orangefarbenen Zonkerstreifen vor dem weißen Fell einbinden.

3. Das vordere Ende des Zonkerstreifens in zwei Windungen um die Tube legen, sichern und den Rest abschneiden.

6. Den Streifen ebenfalls wie eine Hechel zwei Mal um die Tube winden, festlegen, den Rest abschneiden und einen kleinen Kopfknoten machen.

7. Den Conehead von vorne über die Tube möglichst dicht an den Fliegenkörper heran schieben.

9. Die fertige Hechttube.
Zum Fischen wird das Vorfach durch die Tube gefädelt und hinten ein kurzschenkliger Einzelhaken angeknotet. Der Haken kann entweder direkt mit dem Öhr etwas in die Tube geschoben werden, oder er wird mit einem Silikonschlauch am hinteren Ende der Tube fixiert.

8. Zum Fischen wird das Vorfach durch die Tube gefädelt und hinten ein kurzschenkliger Einzelhaken angeknotet. Der Haken kann entweder direkt mit dem Öhr etwas in die Tube geschoben werden, oder er wird mit einem Silikonschlauch am hinteren Ende der Tube fixiert.

DAS FACHGESCHÄFT FÜR FLIEGENFISCHER

- Scott • Thomas&Thomas • Winston •
- Simms • Nautilus • Lamson • EOS •
- Bauer • A.Jensen • Scientific Anglers •
- Woolpower • Costa del Mar •
- Flying Fisherman •

über 1000 verschiedene
Bindematerialien und vieles mehr

Fliegenfischerkurse - Bindekurse - Guiding

www.serious-flyfishing.de

Gablenzstraße 6, 24114 Kiel
Tel. +49(0)431 220 20 80
E-Mail: info@serious-flyfishing.de

Das Verlagsprogramm

Erfolgreich mit der Zweihand
Bernd Kuleisa
ISBN 978-3-942366-23-6
Hardcover, 176 S.

Das große Trockenfliegen-Buch
Lukas Bammatter / Daniel Luther
ISBN 978-3-942366-34-2
Hardcover 208 S.

Wolfsbarsch –
Erfolgreiche Angeltechniken und Plätze
Robert Staigis
ISBN 978-3-942366-22-9
Hardcover, 200 S.

Rapfen – Jäger der Flüsse
Florian Läufer
ISBN 978-3-942366-27-4
Hardcover, 224 S.

Das Verlagsprogramm

Meerforelle an der Küste – Band I
Thomas Vinge
ISBN 978-3-942366-24-3
Hardcover, 192 S.

Meerforelle an der Küste – Band II
Thomas Vinge
ISBN 978-3-942366-25-0
Hardcover, 272 S.

Fluss-Strategie – Meerforellen
Michael Zeman / Heiko Döbler
ISBN 978-3-942366-01-4
Hardcover, 224 S.

Küsten-Strategie – Meerforellen
Michael Zeman / Heiko Döbler
ISBN 978-3-942366-00-7
Hardcover, 200 S.

DER AUTOR

Achim ist seit seiner Kindheit leidenschaftlicher Angler und seit über 20 Jahren mit Haut und Haaren Fliegenfischer.

Zu seiner Studentenzeit verbrachte er sicher mehr Stunden an den Küsten Schleswig-Holsteins und Südjütlands als an der Fachhochschule. Auch zu Hause nahm das „Studium" neuer Fliegenmuster mehr Zeit ein als sein eigentliches Studium. Mit Fliegenbinden für Bekannte und für verschiedene Angelgeschäfte besserte er sein Einkommen auf. Dann folgte seine erste kleine Firma: Achim Stahls Kunstfliegenwerkstatt. Später wurde er Leiter eines Fliegenfischer-Fachgeschäfts, zunächst in Eckernförde, dann in München. Nach vier Jahren Forellen-, Äschen-, Karpfen-, Huchen- und Barbenfischen mit der Fliege in Bayern und Österreich zog es Achim wieder zurück an die Küste. Auch seine Urlaube verbringt Achim meistens fischend: Lachsfischen in Norwegen, Striper und Bluefish an der Ostküste der USA, Bonefish und Tarpon in der Karibik sind seine Lieblingsziele.

Seit 2008 betreibt Achim Stahl in Kiel „Serious Flyfishing", seinen eigenen Fliegenfischerladen, mit Guideservice und vielfältigem Kursprogramm.

Danksagung

Dieses Buch wäre wohl niemals entstanden ohne die tatkräftige Hilfe einiger meiner Freunde und Bekannten.

Besonders möchte ich mich deshalb bei den Fotografen Marco Ehrhardt und Marco Plundrich für das großartige, professionelle In-Szene-Setzen der Bindeanleitungen, Streamermuster und Bindematerialien bedanken. Hut ab vor eurer Leistung, das Buch lebt durch eure Bilder!

Mein langjähriger Angelfreund Hardy Benthin hat ebenfalls maßgeblich zu diesem Buch beigetragen, nicht nur durch seine durchdachten, perfekt gebundenen Streamermuster und viele tolle Actionfotos, sondern auch durch seine freundschaftliche und geistreiche Begleitung auf vielen gemeinsamen Touren. Danke, Hardy!

Dank auch an Mirjana Pavlic, Roman Moser, Tristan Münz, Daniel Luther, Jannic Stachnau, Christian Stölting, Ingo Klein, Tom Biel und alle, die mich ebenfalls mit tollen Bildern und Beiträgen unterstützt haben. Dank auch an allen anderen, die mich beim Fischen oder Diskutieren inspiriert haben.

Auf keinen Fall möchte ich meinen Verleger Micha Zeman vergessen. Ich glaube, ich habe seine Geduld manchmal schon sehr stark strapaziert. Danke, dass du es mit mir durchgezogen hast!

Achim Stahl